부쿠의 펀치니들 소품

Punch Needle by Arounna Khounnoraj
Text © Arounna Khounnoraj 2019
Photography © Catherine Frawley 2019
Illustrations © Arounna Khounnoraj 2019
Design and layout © Quadrille 2019
First published in the United Kingdom by Quadrille Publishing in 2019
All rights reserved.
Korean translation copyright © 2019 Golden Time
Korean translation rights are arranged with Quadrille,
an imprint of Hardie Grant UK Ltd through AMO Agency.

이 책의 한국어판 저작권은 AMO에이전시를 통해 저작권자와 독점 계약한 황금시간에 있습니다.
저작권법에 의해 한국 내에서 보호를 받는 저작물이므로 무단 전재와 무단 복제를 금합니다.

인스타 20만 팔로워가 열광한

부쿠의 펀치니들 소품

아로너 컨노래그
Arounna Khounnoraj

for my loves j+ll+p

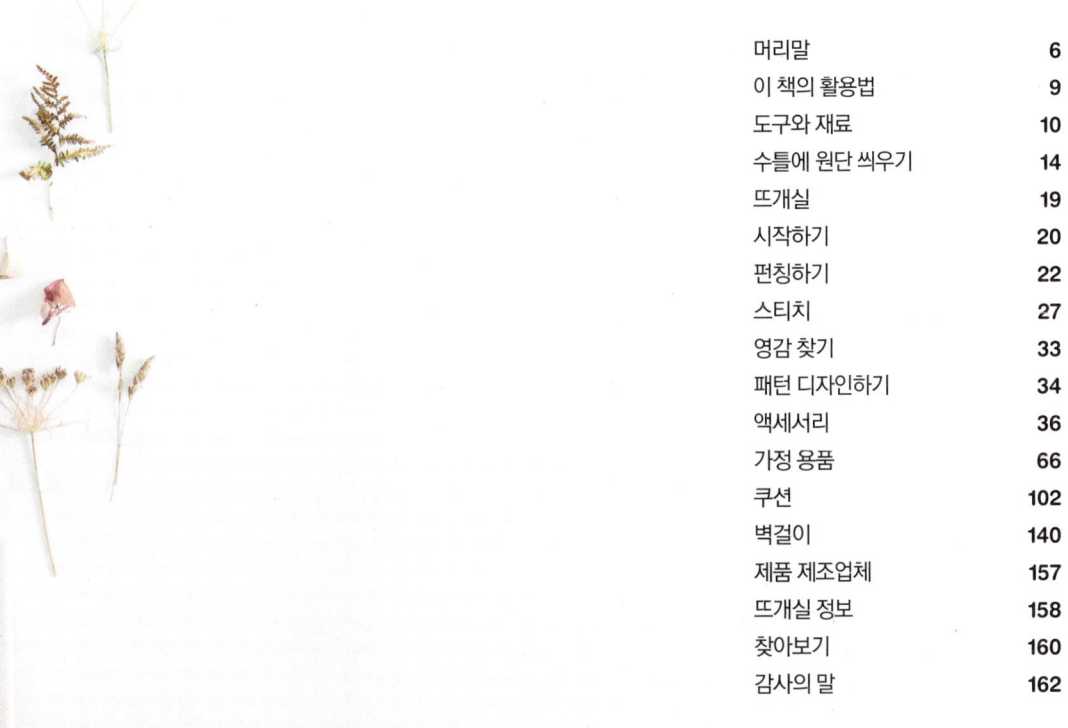

머리말	6
이 책의 활용법	9
도구와 재료	10
수틀에 원단 씌우기	14
뜨개실	19
시작하기	20
펀칭하기	22
스티치	27
영감 찾기	33
패턴 디자인하기	34
액세서리	36
가정 용품	66
쿠션	102
벽걸이	140
제품 제조업체	157
뜨개실 정보	158
찾아보기	160
감사의 말	162

머리말 INTRODUCTION

펀치 니들은 최근 몇 년 사이에 인기가 높아져서 가장 널리 하는 공예 중 하나가 되었지만 아직 많은 사람에게는 완전히 새로운 공예다. 그런데 이상한 점은 펀치 니들이 전혀 새로울 것이 없다는 사실이다. 사실상 펀치 니들은 빅토리아 시대부터 해온 오래된 형태의 러그 후킹이다. 펀치 니들의 장인들은 전부터 있었지만 몇 가지 이유로 공예가들을 포함하여 사람들로부터 관심을 받지 못했다.

나는 사실상 평생 공예를 해왔기 때문에 거의 모든 재료나 기법이 어느 정도 친숙하고, 많이 다루어본 것도 상당하다. 어릴 때 부모님을 따라 이민을 온 우리 가족은 거의 모든 물건을 만들어서 사용했다. 그렇게 우리에게 필요한 물건들, 유용한 물건들을 만들면서 일찍부터 공예를 시작했다.

시간이 흘러 미술학교에 다니고 내 스튜디오를 갖게 되기까지 조각, 도자기 등을 하다가 결국 직물(텍스타일)의 세계로 들어왔다. 할 수 있는 것은 모두 해보았고, 드디어 스크린 날염과 자수, 패치워크에 정착했다. 그리고 내가 디자인한 텍스타일을 이용하여 유용한 물건들을 만들었다. 자연과 식물의 이미지를 좋아해서 직접 그린 그림을 스크린 날염을 통해 패브릭에 옮길 수 있었다. 심지어 변형, 변경 가능성, 모양과 선의 변화와 증가 등을 통해 추상적인 패턴도 표현했다.

그런 내가 완벽한 공예처럼 보이는 펀치 니들을 어떻게 이제야 접하게 되었을까?

고유의 부드러운 특징과 함께 이미지를 표현할 수 있는 펀치 니들은 뜨개실로 그림을 그린 것처럼 보이게 하는 방법이다. 어쨌든 한 친구와 이야기를 나누던 중 둘 다 러그에 일러스트레이션을 넣는 데 관심이 있음을 알게 되었고, 처음으로 펀치 니들을 해볼 기회를 잡았다. 그 후 펀치 니들은 내 스튜디오에 완전히 자리 잡았고, 내 강습과 워크숍의 주제가 되었다.

펀치 니들의 가장 큰 장점 두 가지는 접근성과 신속성이다. 먼저 누구나 금세 잘 할 수 있다. 이미 텍스타일과 털실에 관심을 갖고 있다면 펀치 니들은 창조적인 생활을 더욱 풍부하게 해줄 훌륭한 공예다. 펀치 니들의 경험이 있든 없든 누구에게나 새로운 기회가 된다. 이 책을 읽다 보면 알게 되겠지만 내가 펀치 니들을 시작한 것은 좀 더 현대적인 접근법을 찾기 위해서다. 실제로 나는 일부러 '바른 방법'과 '틀린 방법'식의 구분은 하지 않으려고 했다. 그래야 펀치 니들을 배울 수 있을 뿐만 아니라 모든 가능성을 찾아 재해석할 수 있기 때문이다.

그 점을 염두에 두고 마음에 드는 작품을 많이 모았다. 대형 작품도 있고 소품도 있고, 단순한 것이 있는가 하면 많이 어려운 것도 있다. 여러분이 이런 작품들을 접하면서 펀치 니들의 재료와 기법들에 익숙해지고 점점 솜씨가 늘게 되기를 바란다.

이 책의 활용법 HOW TO USE THIS BOOK

이 책에서는 다른 공예가들처럼 펀치 니들에 관한 정보를 총망라할 생각은 없다. 그보다는 펀치 니들이라는 공예를 알게 되고 경험하면서 얻게 된 관찰 내용과 아이디어를 모아 놓았다. 솔직히 나는 새로운 기법과 재료를 접하게 되면 직접 작업을 하면서 익히는 편이다. 시도해보고 실수하면서 어떤 결과가 나올지 보는 것이다. 하지만 더욱 중요한 것은 그것을 어디에 이용할 수 있는가다. 나는 항상 내 방식대로 생각하고 바라본 것에 나만의 새로운 아이디어를 더 넣어야 할 것 같은 필요성을 느끼는데, 여러분도 이 방법을 받아들이길 바란다.

이 책에는 내가 가장 중요하다고 생각하는 것을 중심으로 스튜디오 워크숍에서 가르치는 기초적인 내용이 개략적으로 들어가 있다. 그래서 이 책의 '방법' 부분을 될 수 있는 대로 간단하고 분명하게 설명하려고 했다. 몇몇 작품은 복잡해보일 수도 있지만 실제로는 그렇지 않다. 작품 대부분이 두 가지 요소, 펀칭과 제작 두 가지로만 구성되기 때문이다. 각 작품에 대해 디자인 그림과 펀칭(또는 후킹)을 단계별로 설명하고, 펀칭한 천을 아름답고 아주 유용한 아이템으로 만드는 방법을 설명했다. 펀칭한 창직물을 꿰매어 연결하는 방법을 생각하는 것은 펀치 니들 작업만큼이나 중요하다. 그래서 단순한 모양의 쿠션 바음질하기, 가방과 수납함 만들기, 러그에 테두리대기 등에 필요한 기본 기법을 다루면서 만들기와 마무리 작업의 기본을 개략적인 단계별 그림으로 설명했다. 이런 설명을 통해 여러분이 영감을 얻어 자기만의 디자인을 만들 때 정해진 틀을 벗어나서 생각하길 바란다. 또한 여기에서 소개된 디자인을 직접 만들 때 지침이 될 도안도 있다. 여기에는 펀칭 위치가 색상별로 표시되어 있지만 색상은 여러분 마음대로 사용해도 좋다. 또한 그림을 직접 그리기가 불편하면 황금시간 블로그(blog.naver.com/goldentimebooks)에서 도안을 내려받아도 된다.

각 단계를 그대로 따라할 생각이라면 여기에 당신의 마음을 사로잡을 작품이 충분히 많다. 그러므로 이제는 펀치 니들 기술의 기본을 될 수 있는 대로 꼼꼼하게 따라해야 한다는 점을 강조해야겠다. 그러나 앞에서 말했듯이 작품 몇 개를 만들고 나면 기본 기술이 어렵지 않게 생각될 것이다. 궁극적으로는 여러분이 이 작품들을 발판으로 자기만의 작품과 자기 집에 어울리게 변형된 다른 소품들을 만들고 다른 텍스타일 창작을 위한 아이디어를 얻기를 바란다.

한편 이 책에 수록된 작품들을 여러분이 완전히 자기 방식으로 해석할 수도 있다. 이 작품들에 자기 생각과 아이디어를 더하고, 색상이나 뜨개실에 변화를 주고 선호하는 스티치 종류도 여러 가지로 실험해보면서 자신의 능력을 찾아내보길 바란다. 후킹으로 만든 러그 같은 작품의 경우, 내 디자인 그림과 색상, 재료에서 수없이 많은 가능성을 찾아서 적극적으로 자신의 특징을 더하는 것이 좋다. 주저하지 말고 변화를 시도해보자. 나는 여러분이 틀림없이 펀치 니들을 하게 되고 그것을 최대한 이용할 것이라고 확실히 믿는다. 가능성을 적극적으로 받아들이자.

도구와 재료 TOOLS AND MATERIALS

펀치 니들 작품을 시작할 때 필요한 기본 도구와 재료는 펀칭을 할 원단, 그 원단을 팽팽하게 잡아주는 수틀, 스티치를 하기 위한 니들 또는 후크, 원하는 색상의 뜨개실 또는 원단을 길게 자른 끈 네 가지다. 니들에는 기본적으로 두 종류가 있는데, 펀치 니들과 러그 후크다. 시중에는 선택할 수 있는 제품이 많이 나와 있지만 여러분이 기본 도구 몇 가지를 최대한 활용할 수 있도록 여기에서는 필요한 도구와 재료를 비교적 간단하게 최소한도로 갖추어 두 세 개만 사용했다.

처음 시작할 때 중요하게 기억해야 할 점은 이런 모든 구성 요소가 조화롭게 잘 어우러져야 한다는 것이다. 원단과 니들, 뜨개실은 사이즈와 비율 면에서 서로 관계가 있다. **원단**은 천연 리넨부터 몽크스 원단(펀치 니들 전용 원단의 하나_편집자) 같은 전문가용 재료에 이르기까지 다양한 원단을 사용할 수 있다. 조직이 고르게 성긴 부드러운 면직물인 몽크스 원단은 펀칭할 때 조직이 움직이고, 그에 따라 스티치가 제자리에 고정된다. 인치 당 13×13 칸인 원단을 고르도록 한다. 인치 당 7×7 칸처럼 칸수가 적으면 조직이 너무 느슨해서 원단이 실을 지탱할 수 없으므로 피하도록 한다. 이런 원단은 일반적으로 조직이 어느 정도 성기므로, 여기에 펀칭이나 후킹으로 스티치를 하면 칸에서 실이 단단히 고정된다.

나는 소품을 만들 때에는 **울트라 펀치 니들**을 사용했는데, 이 니들은 올이 가는 리넨에 펀칭을 할 때 좋다. 울트라 펀치 니들로 펀칭을 할 수 있는 원단은 많다. 이 도구에 잘 맞는 실은 일반적으로 아주 가는 핑거링사나 자수실이다. 아주 가는 뜨개실을 울트라 펀치 니들에 꿰어 사용하면 디자인을 거의 자수처럼 아주 섬세하게 표현할 수 있다. 또한 이 도구는 깊이를 조절할 수도 있기 때문에 풍부한 질감을 만들 수 있다.

대형 작품에 주로 사용하는 **펀치 니들**은 **옥스퍼드 펀치 니들**이다. 물론 다른 브랜드의 펀치 니들도 사용할 수 있다. 펀치 니들은 사이즈가 다양하기 때문에 사용하는 실의 무게에 맞추도록 한다. 또 니들의 깊이도 다양한데, 깊이에 따라 만들어지는 스티치의 크기가 결정된다. 일반적으로 나는 굵은 **실**인 벌키사에는 10호 레귤러 니들을, 중간 굵기의 실인 우스티드사(병태사 또는 소모사)에는 14호 미니 니들을 사용했다. 이런 펀치 니들로는 주로 몽크스 원단에 펀칭을 한다. 이런 도구에 가는 실도 사용할 수 있지만 몽크스 원단에 스티치가 단단히 지탱하려면 실을 두 겹으로 사용해야 할 수도 있다. 마찬가지로 어떤 원단이든 폭 5mm의 가는 끈으로 잘라서 사용해도 된다.

커다란 러그 작품은 러스틱 리넨 원단에 표준 미디엄 **러그 후크**를 사용해서 만들었다. 러스틱 리넨은 러그 후크와 굵은 실(벌키), 원단을 길게 자른 끈에 적합하게 조직이 성기다. 또한 내구성까지 갖추고 있어서 매일 사용해서 닳고 찢어질 염려가 있는 작품에 사용하면 좋다.

수틀은 판매하는 기성 제품부터 직접 만드는 수공 제품에 이르기까지 종류가 다양하다. 대부분의 경우 나는 수틀을 직접 만들어서 사용하는데, 여러 길이의 나무를 접착제로 붙이고 못을 박아 작품에 맞는 크기의 정사각형이나 직사각형으로 만들면 된다. 이런 수틀 제작에 사용되는 나무는 깊이와 너비가 1.9×3.8cm다(철물점에서 이런 나무를 보통 1×2 나무라고 한다. 간단히 말해서 너비가 깊이의 두 배다). 커다란 수틀의 경우, 원단을 잡아당길 때 더 강하게 받쳐주어야 하기 때문에 더 두꺼운 나무를 사용해야 할 수도 있다.

수틀을 선택할 때 주의해야 할 점이 또 있다. 펀칭을 한 원단의 앞면 치수에 시접을 포함시키지 않는 것인데, 수틀을 감싸는 원단을 시접으로 생각하기 때문이다. 바로 이런 이유 때문에 펀칭 디자인과 더하고 싶은 여유분에 맞는 크기의 수틀이 좋다. 예를 들어 디자인의 크기가 20×25cm라면 25×28cm 크기의 수틀을 사용하도록 한다.

수틀 대신 사용할 수 있는 물건으로 화방에서 판매하는 캔버스틀이나 동네 잡화점 또는 에이미 옥스퍼드사에서 판매하는 옥스퍼드 그리퍼 스트립 수틀이 있다. 이 프레임은 스테이플이나 압정을 사용하지 않고도 원단을 고정할 수 있으며, 조립하기 쉽고 재사용이 가능하다. 특히 작품이 커서 작업을 진행하면서 수틀에 고정시키는 위치를 다시 조정해야 할 때 유용하다.

작은 리넨에 펀칭을 할 때에는 **자수틀**을 사용하곤 한다. 자수틀에는 후프 주위에 미끄럼을 방지해주는 홈이 있어서 작업을 할 때 원단이 느슨해지지 않는다. 이와 비슷하게 큐스냅 프레임(Q-snap, 브랜드 이름)도 프레임에 플라스틱 홈이 있어서 원단을 고정하여 소품을 제작할 때 좋다.

터프팅 가위 | 이름에서 알 수 있듯이[터프팅은 술(장식)이라는 뜻_편집자] 이 가위는 실 끝을 정리하거나 터프트 스티치의 높이를 고르게 다듬을 때 좋다. 터프팅 가위가 없을 경우 잘 드는 작은 손가위를 사용한다.

러그 프로더

에이미 옥스퍼드 펀치 니들

울트라 펀치 니들

펀치 니들과 러그 후크 | 모양과 크기가 다양하다. 사용하는 뜨개실의 무게에 맞는 도구를 고르도록 한다.

대형 스테이플러 | 종류에 상관없이 원단을 수틀에 고정하는 데 좋다.

원단 | 다양한 종류의 원단을 쓸 수 있다. 원단의 직조가 사용하는 니들 도구와 뜨개실에 잘 맞는지 확인하도록 한다. 원단에 맞추어 니들 도구와 실을 선택할 수도 있다. 러그 후킹에는 올이 굵은 삼베와 거친 리넨이 좋고, 올이 고운 원단에는 자수가 적합하다. 개인적으로 내가 즐겨 사용하는 펀치 니들은 몽크스 원단(Monk's cloth, 면 100%)에 잘 맞는다.

수틀 | 직접 수틀을 만들거나 화방에서 판매하는 접착제로 조립한 캔버스틀을 사용한다. 이 방법을 쓰면 어떤 크기든 필요에 맞게 원단을 튼튼하게 받칠 수 있다. 다양한 크기의 수틀을 구비해 놓으면 작품을 많이 제작할 수 있다.

뜨개실 | 후킹에 다양한 종류와 무게의 뜨개실 또는 원단을 사용할 수 있다. 펀치 니들은 그 용도가 좀 더 구체적이어서, 너무 매끄럽지 않은 까끌까끌한 뜨개실이나 질감이 거친 뜨개실을 사용할 때 가장 좋다. 하지만 갖고 있는 어떤 종류의 실도 이 책에 소개된 다양한 작품에 사용할 수 있으므로 남은 실은 항상 보관하도록 한다.

수틀에 원단 씌우기 STRETCHING A FRAME

수틀 제작하기

어떤 크기든 기본 도구만 있으면 수틀을 직접 쉽게 만들 수 있다. 이 책에 수록된 대부분의 작품은 직접 만든 나무 수틀에 몽크스 원단을 씌워서 제작하였다. 수틀은 1.9×3.8㎝ 크기의 나뭇조각(철물점에서는 1×2 나무라고 한다)들을 모서리가 직각이 되게 놓고 접착제로 붙인 뒤 접착제가 마르면 못을 박아서 만들면 된다. 수틀의 크기는 작품 이미지보다 몇 센티미터 정도만 크면 되고, 꼭 사용해야 하는 재료가 있으면 자유롭게 사용해도 된다.

그리퍼 수틀

원단을 그리퍼 수틀에 씌우는 것은 아주 쉽다(15쪽 참조). 깨끗한 작업대 위에 원단을 놓고 그 위에 그리퍼 수틀을 놓는다. 원단을 잡아당기면서 수틀을 사방으로 감쌀 수 있을 정도의 크기로 재단한다. 재단한 원단은 중앙을 잘 맞춰 그리퍼 수틀 위에 얹는다. 원단이 사방에서 최대한 팽팽하도록 수틀의 옆면에서 원단을 아래로 당긴다. 원단을 그리퍼 수틀에서 떼려면 그냥 걷어내면 된다.

앞 | 펀칭을 잘하기 위해서는 원단을 최대한 팽팽하게 유지하는 것이 중요하다. 그래야 원단이 안정적인 바탕이 되고 펀칭을 하는 동안 힘을 받아낼 수 있다.

뒤 | 몽크스 원단은 부드럽기 때문에 스테이플러로 쉽게 고정할 수 있다. 작품이 완성되면 그대로 두어도 되고 아니면 스테이플을 제거하여 수틀에서 분리한다. 수틀은 다시 사용해도 된다.

그리퍼 수틀

사각 나무 수틀

원형 나무 수틀

1단계 | 수틀에 맞게 자르기 위해 원단을 깨끗한 작업대 위에 펼쳐 놓고 그 위에 수틀을 놓는다.

수틀의 각 변에서 작품의 시접, 그리고 수틀을 감싸서 수틀 뒷면에서 스테이플러로 고정할 수 있는 여유분을 계산해서 원단을 자른다. 스테이플러로 고정할 때 원단을 팽팽하게 당기기 위해 잡을 여유분도 있어야 한다. 몽크스 원단은 부드럽고 올이 잘 풀리기 때문에 약간 넉넉하게 자르는 것이 좋다.

2단계 | 원단을 잡아당겨서 씌울 때, 될 수 있는 대로 팽팽하게 유지하는 것이 중요하다. 이 작업은 손으로 해도 되고 캔버스 집게를 이용해도 된다. 팽팽하게 잡아당긴 원단을 대형 스테이플러로 고정한다. 몽크스 원단은 부드럽기 때문에 한 번에 한 변씩 고정하는 것이 좋다. 한 변의 가운데에서 시작하여 양끝으로 가면서 스테이플러로 고정한다. 맞은편 변에서 원단을 팽팽하게 잡아당기면서 이 과정을 반복한다.

3단계 | 이제 세 번째 변에서 가운데부터 양 끝으로 가면서 스테이플러로 고정한다. 모서리에서는 원단을 깔끔하게 접기 위해 끝에서 몇 센티미터 남기고 스테이플을 박지 않는다. 마지막으로 남은 한 변에서도 이 과정을 반복하는데, 원단을 팽팽하게 잡아당기면서 스테이플러로 고정한다. 스테이플을 박은 변에서 남는 원단을 잘라낸다.

4단계 | 각 모서리에서 원단을 깔끔하게 접고 스테이플러로 단단하게 고정한다.

뜨개실 THE YARN

실 선택하기

최고의 작품을 제작하기 위해서는 '도구와 재료'에서 개략적으로 설명한 대로 사용할 니들과 원단에 적합한 실을 선택해야 한다. 실의 시각적인 특징과 감촉(색상, 질감, 촉감)을 고려해서 선택할 수 있는 종류가 많다(이 책에서 내가 사용한 실은 158쪽에 소개해 놓았다). 내가 각 작품에서 쓴 색상은 완전히 내 마음대로 선택한 것임을 기억하고, 여러분은 이미 갖고 있는 실이나 개인적으로 좋아하는 실을 적절하게 사용해야 한다. 이 때문에 나는 색상에 대해 너무 엄격하게 지정하지 않았다. 그래도 내가 작품마다 사용한 실에 대해 자세히 알고 싶다면 158쪽을 참조하길 바란다.

샘플 작품 중 일부는 다양한 색상을 사용했지만 대부분 다른 작품들은 제한된 색상 몇 가지만 사용했다. 중요한 것은 사용한 색상의 범위가 아니라 명암(밝은 톤과 어두운 톤)이라는 사실을 꼭 유념해야 한다. 이러한 색 조합이 추상적인 구성에서는 그렇게 눈에 띄지 않을 수도 있지만 꽃 모티브는 인접한 색이 서로 뚜렷하게 다를 때 구별되어 보이므로 효과가 크다. 밝은 톤과 어두운 톤을 모두 사용해서 대조 효과를 만들고 중요한 모티브가 배경에 묻히지 않도록 확인한다.

러그실은 편물실보다 치밀하고 러그처럼 접촉이 많은 아이템에 사용하면 좋다. 하지만 너무 치밀하기 때문에 펀치 니들을 할 때는 많이 사용하지 않는 것이 좋다는 것을 하다 보면 알게 될 것이다. 편물실은 좀 더 유연해서 이미지를 자세히 표현할 때 선택하면 좋다.

바늘에 실 끼우기와 높이 정하기

펀치 니들 중에는 울트라 펀치 니들처럼 사용자가 속통을 조절해 스티치의 높이를 정할 수 있는 종류가 많다. 한편 옥스퍼드 펀치 니들의 경우에는 사용하려는 실의 두께에 맞고 샤프트 길이가 적당한 호수의 니들을 선택할 수 있다. 또한 사용하는 니들에 서로 다른 두 개의 실을 함께 끼워 실을 두 겹으로 사용해도 된다. 이렇게 하면 스티치의 질감이 흥미로울 것이다.

이 책에서 사용한 울트라 펀치 니들과 옥스퍼드 펀치 니들은 기본적으로 실을 끼우는 방법이 같다. 옥스퍼드 펀치 니들의 경우, 손잡이 밑동에 있는 고리에 실을 꿰면 바늘 손잡이와 샤프트에 세로로 있는 홈을 따라 위로 올라가서 뾰족한 바늘 끝에 있는 작은 구멍을 통해 나온다. 바늘 끝에 실을 몇 센티미터 정도 남기고서 작업을 시작한다.

울트라 펀치 니들에 실을 꿰는 것도 비슷하다. 단, 기다란 바늘 실 꿰기 도구를 바늘 끝에 넣어 샤프트를 통과시킨 뒤, 실 꿰기 도구에 자수실을 넣고 바늘 끝으로 잡아 뽑아야 한다.

러그 후킹의 경우 실 꿰기가 필요하지 않으므로 약간 다르다. 코바늘 뜨기나 대바늘뜨기를 할 때와 똑같은 방식으로 수틀 아래에서 실을 직접 잡는다. 그다음에 러그 후크를 원단 앞면에 꽂아 실을 걸고 후크를 원단 앞면으로 끌어당겨서 고리를 만든다.

위부터 | 티셔츠 실, 아란, 우스티드, 벌키

시작하기 GETTING STARTED

1단계 | 수틀 뒤에 디자인을 놓고 원단의 뒷면에 대고 누른다.

2단계 | 수틀을 조명 위에 갖다 대고 비치는 그림을 부드러운 미술용 연필로 원단에 그린다.

이미지 옮겨 그리기

나는 펀치 니들 작품을 새로 시작할 때, 거의 항상 그림이나 패턴의 도안 만들기부터 시작한다. 가장 먼저 이미지를 원단에 옮겨 그린다. 옮겨 그리는 방법은 많지만 여기에서는 우리 목적에 맞는 기본 방법 몇 가지만 설명하려고 한다.

원단을 씌운 수틀이 그림 전체를 담을 수 있을 만큼 큰지는 쉽게 확인할 수 있다. 원하는 크기로 확대한 이미지 또는 사진을 수틀 뒤에 놓고 원단 뒷면에 대고 누르는 것이다. 그다음에 수틀을 조명 위에 대고 비치는 그림을 부드러운 미술용 연필로 원단에 그린다. 이 방법은 조직이 성긴 몽크스 원단에 효과가 좋고, 정확하게 옮겨 그릴 수 있어서 좋다.

이와 비슷하게 먹지를 사용하는 방법이 있다. 먹지를 원단 위에 놓고 그 위에 그림이나 패턴 도안을 놓으면 먹지가 그림과 원단 사이에 끼어 있게 된다. 그다음에 그냥 디자인을 그리면 원단에 그림이 옮겨 그려지게 된다. 먹지는 조직이 촘촘해서 조명 위에 갖다 대도 그림이 잘 비치지 않을 수 있는 리넨 같은 원단에 사용하면 편리하다.

한편, 오래된 방법이지만 그림과 수틀 안의 원단 모두를 동일한 단위의 격자로 그리는 그리딩 방법을 선호하는 사람도 있다. 격자를 그린 그림에 보이는 선과 똑같은 선을 수틀에 씌운 원단 그리드에 그리면 된다.

크기가 너무 커서 아주 자세하게 그리기가 힘든 작품의 경우, 그림을 자유롭게 옮겨 그릴 것을 제안한다. 이 책에서 가장 큰 작품은 추상적인 패턴이며 쉽게 그릴 수 있다. 직접 그린 그림이 원래 내 그림과 약간 다르더라도 걱정할 필요 없다. 그 그림은 여전히 멋지고, 가장 독특할 것이기 때문이다.

펀칭하기 PUNCHING

수틀의 높이에 따라 바늘이 작업대에 부딪히지 않게 하기 위해 수틀을 잡는 위치를 조정해야 할 수도 있다. 나는 수틀의 아랫부분은 무릎에 놓고, 윗부분은 작업대 끝에 기대놓고 작업하는 것을 좋아한다. 작업하는 자세를 여러 가지로 시험해보고 자신에게 가장 편안한 자세를 찾도록 한다.

대부분의 경우, 나는 주요 부분부터 펀칭하는 것을 좋아한다. 중심 이미지부터 시작하고 이것을 완성한 후, 배경과 여백 또는 모양과 모양 사이로 옮겨 가서 작업을 한다. 시작할 곳을 정한 후, 바늘이 허용하는 곳까지 바늘을 원단에 찌른다. 바늘을 들어 올리지 않은 상태에서 바늘 끝에서 나온 실 끝이 원단 앞면에서 여전히 보이는지 확인한다. 만약에 그렇다면 손을 뒷면으로 가져가서 실을 잡아당겨 실 끝이 뒷면에 늘어지도록 한다.

이때 주의해야 할 점이 몇 가지 있다. 실을 원단에 남겨놓고 바늘을 위로 잡아 빼기 때문에 바늘을 너무 높이 들어 올리지 않는 편이 좋다. 사실 바늘이 원단 표면을 스쳐 지나갈 정도로만 올려서 바늘을 옆자리로 옮겨야 한다. 옆자리라고 해서 바로 옆 칸이 아니라 세 칸 정도의 간격이어야 한다. 스티치와 스티치가 너무 가까우면 장력이 너무 팽팽할 것이고 반대로 너무 멀리 떨어져 있으면 장력이 너무 느슨할 것이다. 조금만 연습하면 딱 맞는 장력을 얻기 위해 어느 정도의 간격이어야 하는지 알게 될 것이다. 또 중요한 점은 바늘에 있는 홈이 계속 진행 방향을 향해야 한다는 것이다. 스티치 선의 방향이 바뀌면 수틀을 돌려서 바늘을 계속 편안하게 잡을 수 있도록 한다.

펀칭을 할 때 스티치가 풀리고 있으면 실이 실타래에서 펀치 니들로 걸리는 것 없이 느슨하게 잘 공급되는지 확인한다. 또한 실의 무게와 성분이 원단에 사용해도 적합한지 확인한다. 예를 들어 면직물은 너무 미끄러울 수 있고, 모직물이나 아크릴은 질감이 강해서 펀칭을 하기가 더 좋을 수 있다.

스티치를 놓으면서 모양을 만들어갈 때 바늘을 옮기는 방식에 정해진 규칙은 없다. 나는 어떤 모양이나 범위를 채우기 전에 윤곽부터 펀칭을 하는 편이다. 모양의 윤곽선을 따라가거나 앞뒤로 왔다 갔다 한다. 그다음에 모양의 안을 채우고, 다 채웠으면 색이 비슷한 다른 곳으로 이동하여 이 과정을 반복한다. 모양의 안을 채우는 방식이 임의대로인지 아니면 규칙적인지는 전적으로 제작자의 마음에 달려 있다. 바깥쪽 가장자리의 윤곽선을 표시하면, 예술 작품으로 남겨두든 조각들을 바느질로 연결하여 물건을 만들든, 완성 모양이 깔끔해진다. 뜨개실을 바꾸려면 사용하고 있는 실을 펀치 니들 끝에서 자르고, 원하는 실을 다시 끼워 펀칭을 계속한다. 완성되면 실 끝을 잘라서 정리한다. 자수 스티치를 놓고 있다면 실 끝을 원단 뒷면으로 살짝 당겨야 할 수도 있다.

디자인의 안쪽을 모두 채우고 나면 늘어진 실 끝이 많을 것이고 간혹 상대적으로 더 느슨해 보이는 스티치도 한두 개 있을 수 있다. '실 끝 정리'는 완성된 작품이 깔끔해 보이도록 실 끝을 잘라내는 작업이다.

이와 비슷하게, 스티치를 건너뛰어서 빈곳이 생겼다면 다시 그 곳으로 되돌아가서 공간을 메우도록 한다. 전체 모양이 마음에 들지 않을 경우(스티치나 색상에 대해 마음이 바뀌었을 수 있다), 실 끝을 자르거나 찾아내서 원하는 만큼 풀어서 문제의 실을 제거한다. 그 위치에 펀치를 다시 시작하기 전에, 바늘 끝으로 원단의 직조를 살짝 긁어서 조직을 정돈한다.

작품이 완성되면 스티치 주변에 다른 스티치들이 있어서 고정되기 때문에 전체 표면이 단단하게 느껴질 것이다. 마모에 의해 스티치가 없어지지는 않을까 하는 걱정은 하지 않아도 된다. 느슨한 스티치가 보이면 그것을 다시 밀어 넣거나 자르면 된다. 또 별로 신경 쓰지 않아도 될 것 같기는 한데, 스티치를 보호해야 할 경우가 있을 수 있다. 이럴 때는 펀칭 천의 뒷면에 흰색 접착제나 원단용 접착제 또는 액상 라텍스를 칠하면 된다. 뒤판을 대고 테두리를 달아서 뒷면을 보호하는 것도 하나의 방법이다.

펀치 니들은 연필을 쓸 때와 같은 방법으로 쥐고 사용하면 된다.

굳이 노력하지 않아도 펀치 니들의 끝이 원단의 칸에 꽂히기 때문에 바늘 끝을 칸에 겨누지 않아도 된다. 바늘이 원단을 통과할 정도의 힘을 가하여 손잡이 밑동이 원단에 닿을 때까지 바늘을 밀어 넣는다.

펀치 니들은 스티치의 길이가 고르지 않아도 된다. 솔직히 스티치가 약간 불규칙하면 작품의 특징이 되기도 한다. 하지만 고르게 만들고 싶다면 연습을 하는 수밖에 없다.

몽크스 원단에 펀칭할 때는 세 칸 간격으로 하는 것이 가장 좋다. 스티치 간격이 너무 가까우면 장력이 팽팽할 것이고 너무 멀면 장력이 느슨할 것이다. 그러나 이것은 사용하는 뜨개실에 따라 그리고 스티치가 어떻게 보이길 원하느냐 따라 달라질 수 있으므로 이 규칙을 엄격하게 지키지 않아도 된다. 리넨에 작은 니들을 사용할 경우라면 스티치 간격이 가까운 것이 더 보기 좋을 것이다.

글씨를 쓸 때처럼 손을 천천히 움직여서 스티치를 규칙적으로 늘린다. 스티치 방향 역시 중요하다. 스티치의 방향이 일치하면 작품이 한결 통일감 있게 보인다.

근처에 있는 스티치들과 다르게 스티치를 만드는 방법이 많다. 방향이나 길이를 바꾸면 스티치를 미묘하게 바꿀 수 있다.

대조 효과를 강조하는 가장 좋은 방법은 실의 색상과 무게, 종류를 달리하는 것이다. 아니면 수틀의 앞면 또는 뒷면에서 작업해서 스티치의 종류를 다르게 할 수도 있다(27쪽 참조).

스티치 STITCHES

펀치 니들과 러그 후크는 공통점이 많은데, 그중에서도 가장 핵심은 이 도구들로 만드는 스티치의 종류가 같다는 점이다. 두 도구 모두 연속된 루프 스티치를 만들지만 진행 방향은 서로 반대다. 이름에서 알 수 있듯이 펀치 니들은 원단에 있는 칸에 실을 앞면(작업하는 면)에서 뒷면으로 꽂아서 스티치를 만들고, 펀치 니들을 잡아 빼면 원단에 막혀 실이 고정된다. 러그 후크도 이와 비슷하게 원단의 칸에 실을 앞면에서 꽂는다. 하지만 그다음에 뒷면에 있는 실 또는 원단을 자른 끈을 걸어서 원단의 앞면으로 끌어 올려서 스티치를 만든다.

이 책에서 스티치를 어떻게 사용하는지를 알려면 원단을 씌운 수틀의 앞면과 뒷면의 특징을 좀 더 검토해야 한다. 펀치 니들을 사용할 때, 전통적으로는 펀칭하는 면이 '뒷면'이고 그 반대면이 '앞면' 또는 완성면이다.

펀치 니들을 하는 많은 공예가는 이렇게 생각하지만 나는 달리 생각하고 싶다. 이 책에 소개된 작품들을 보다 보면 '앞면', '뒷면', '완성면'이 서로 바뀌어서 사용된다는 것을 알게 될 것이다. 이는 원단에 실을 펀칭하는 하나의 행위로 말미암아 원단의 양면에 생기는 기본 스티치가 세 개이고, 이 스티치들 중 하나를 완성 작품의 일부로 생각할 수 있기 때문이다. 어떤 작품에서는 하나의 스티치만 선택했는데, 이 경우 원단을 씌운 수틀의 한쪽 면에서만 펀칭을 한다. 반면에 시각적 효과를 위해 여러 가지 스티치를 결합하여 사용한 작품도 있다. 즉 원단을 씌운 수틀의 양면에서 펀치를 했다는 뜻이다. 이것을 알기 쉽게 구분하기 위해 마주하고 펀치를 하려는 수틀 면을 '앞면' 또는 '겉면', 그 반대면을 '뒷면' 또는 '안면'이라고 부르기로 한다. '완성면'은 '앞면'이다. 그러나 이 책 외의 작품을 할 때는 어느 쪽이든 가장 마음에 드는 면을 완성면으로 하면 된다.

자수 스티치

앞면에서 펀치를 할 때 여러분의 앞에 있는 스티치는 우리가 '자수' 스티치라고 부르는 것이다. 이 스티치들은 원단에 바싹 붙어서 얇고 납작한 스티치로, 표면이 매끄럽고 균일하다. 자수 스티치는 질감이 가장 작기 때문에 그래픽적인 특징과 상세한 디자인 이미지를 표현하는 데 좋다. 또한 자수 스티치를 이미지의 전체 표면에 사용할 경우 전체적인 시각적 통일성이 두드러진다.

▮ **위부터** | 자수 스티치(앞면에서 펀칭), 파일 스티치(뒷면에서 펀칭), 톨 파일 스티치(뒷면에서 펀칭), 터프트 스티치(뒷면에서 펀칭)

파일 스티치

원단을 씌운 수틀을 뒷면 또는 안면이 보이도록 뒤집으면 '파일' 스티치가 보인다. 파일은 원단에 생긴 실 고리인데, 사용한 펀치 니들의 길이에 따라 높이가 다양해진다.

파일면은 납작한 자수면보다 더 깊고 질감도 크다. 이미지의 선명성이 떨어지고 그래픽 같은 느낌이 약하지만 보풀의 느낌이 커서 부드러운 촉감이 어울리는 작품에 적용하면 좋다.

파일 스티치는 러그 후크와 펀치 니들의 공통된 많은 스티치 중 하나다. 러그 후크는 실을 수틀의 뒷면에서 윗면으로 잡아당기기 때문에 파일의 실 고리가 앞면에서 보일 것이고, 또한 이것이 완성면 또는 겉면이 된다는 점을 유념해야 한다.

터프트 스티치

또한 원단을 씌운 수틀의 뒷면에서 파일의 고리 끝을 잘라서 잔디처럼 실을 서게 만드는 '터프트 스티치'가 있다. 이 작업을 할 때 전문가용 터프팅 가위를 사용하면 표면을 고르게 자르는 데 도움이 되지만 작은 손가위를 사용해도 된다.

터프트 스티치는 표면에 감각적인 느낌은 물론 조각 같은 특징까지 내주는데, 그래픽적인 이미지보다는 소재의 질감을 더 돋보이게 한다.

터프트의 높이는 사용하는 펀치 니들의 길이에 따라 달라진다. 터프트 스티치를 할 때, 파일의 높이를 유지하면서도 고른 표면을 위해 고리 끝을 자를 수 있을 정도로 실이 충분한지 종종 파일의 높이를 확인해야 한다.

쿠션 같은 특정 작품의 경우, 파일이나 터프트가 약간 짧은 편이 좋을 수도 있다. 이 경우 나는 파일의 높이를 3㎜ 정도로 유지하는 편이다. 자신이 가장 좋아하는 높이가 어느 정도인지 여러 가지로 실험해 보면 디자인에 따라 높이가 달라진다는 것을 알 수 있을 것이다. 자수면이 완성면인 디자인을 작업할 때에는 높이가 별로 중요하지 않다. 그래서 나는 실의 낭비를 줄이기 위해 길이가 짧은 바늘을 사용하는 편이다.

영감 찾기 FINDING INSPIRATION

공예품을 만들기 위해서는 여러 가지가 필요하다. 기본적으로 솜씨가 좋고 재료를 잘 이해해야 하지만 작품에 대한 영감과 그것을 공예품으로 만들어내는 방법을 아는 것 역시 그만큼 중요하다. 어디에서 찾든 영감을 찾는 것은 시간이 걸리는 일이며, 영감은 끊임없이 바뀐다.

어디에서 영감을 얻느냐는 질문을 받을 때마다 나는 항상 두 가지를 대답한다. 먼저 직물이다. 거기에 한 땀 한 땀, 한 줄 한 줄 정성을 들이다 보면 작품이 완성된다. 직물을 가지고 작업을 하다 보면 아이디어가 떠올라 저절로 손이 움직이고, 작업실의 활동은 작품 제작과 집안일의 전체 역사와도 연결된다.

페인팅과 그림 그리기가 써먹기 좋은 기량이라면, 이 같은 텍스타일 아트는 내게 가장 편안한 공예이고 아이디어가 구체화되는 과정을 볼 수 있는 방법이다. 실이 서서히 직물이 되어 가는 과정을 지켜보며, 많은 시간을 투자할 가치가 있다는 생각을 항상 한다.

다음으로 내가 영감을 찾는 형태는 흔히 자연, 특히 식물에 있다. 내 관심은 식물이나 잎사귀를 그대로 베끼는 데 있지 않고, 그 모양이나 패턴을 빌려서 내 필요에 맞게 바꾸는 것이다. 모양을 단순화하고 변경하고 다시 배열함으로써 실제로 존재하지 않지만 내가 해석해서 결합한 결과물을 바탕으로 재미있는 구성과 패턴을 만들 수 있다.

내가 좋아하는 활동 중 하나는 공원에서 산책을 하거나 정원을 지나가면서 흥미로운 나뭇잎이나 식물의 일부를 표본으로 채집하는 것이다. 전에 보지 못했던 멋진 모양이나 구조의 꽃이나 잎사귀가 어떻게 항상 있는지 놀라울 따름이다. 때로는 수집한 표본을 아이디어 벽에 테이프로 붙여 놓고 그대로 말려서 그림에 넣곤 한다. 아니면 잎과 꽃을 종이 위에 나란히 펼쳐 놓고 서로 모양이 잘 맞는지 보거나 회전해 기묘하게 서로를 붙여 본다. 이것은 발견한 자연물들로 구성하고 디자인이 어떻게 될지 실험해보는 한 방법이다. 최종적으로 내가 특별히 신경을 쓴 형태는 강조하고 나머지는 단순화하면서 그 배열을 사진으로 찍거나 스케치를 한다. 채색을 하면 구성에 색상 조합을 적용할 수 있는데, 나는 이것을 뜨개실로 상상할 수 있다. 스스로 일종의 식물학자인 척하지만 사실 나는 추상적인 패턴을 만드는 데 많은 시간을 쏟고 있다. 추상적인 디자인을 작업할 때도 방법은 똑같다. 단순한 모양이나 모양의 단편을 결합하여 배열한다. 회전하고, 앞뒤를 뒤집고, 쌓고, 겉과 속을 뒤집고 반복하는 식으로 변화를 준다.

내가 영감의 원천으로 무엇을 이용하고 있는지, 그것이 식물의 모양인지 그냥 모양인지는 중요하지 않다. 결국 표현하려고 하는 것은 '형태의 관계'이기 때문이다. 그리고 내가 영감의 원천을 다 써버릴 일도 없을 것 같다. 걷다가 발견한 아주 작은 초록 잎이 끝없는 가능성을 제시할 테니.

패턴 디자인하기 DESIGNING YOUR OWN PATTERNS

뜨개실이나 원단으로 펀칭을 하면 작품 표면에 입체감이 생겨 펀치 니들 작품의 매력과 존재감이 커진다. 이 책의 책장을 넘기다보면 책에 제시된 패턴들에서 많은 아이디어를 얻을 수 있을 것이다. 그러나 직접 패턴을 디자인할 때는 아이디어를 표현하기 위해 고려해야할 점들이 있다. 다음의 사항들을 꼭 유념해야 한다.

단순한 형태

펀치 니들 작품에는 형태와 색상, 표면 질감의 요인이 들어가기 때문에 이런 모든 요소가 서로 충돌하지 않도록 그림을 단순하게 유지하는 것이 좋다. 내 작품의 대부분은 전체적으로 형태가 단순하고 상세한 표현이 없다. 언뜻 보면 모티브가 자세히 표현된 것처럼 보이는 작품도 가까이 들여다보면 단순한 모양들을 배열한 것임을 알 수 있다. 일반적으로 시각적인 영향은 형태나 요소들의 결합을 통해 생긴다. 이 점은 추상적인 구성에서도 마찬가지다. 단순한 형태나 그래픽 요소를 실험해보고 그것을 표면 전체에 걸쳐서 반복이나 회전, 변형해서 반복 패턴 또는 반복되지 않는 패턴을 만든다.

또한 촉감이 있는 재료인 뜨개실은 펀치 니들 작품의 표면을 담당하기 때문에 개인적으로 단순하고 편평한 모양으로 이루어진 구성을 선호하는 편이다. 나는 이런 구성이 가장 인상적이고 현대적인 디자인이라고 생각한다.

크기

완성한 펀칭 천으로 집안에 어울리는 소품을 만들 계획이라면 그 물건에 적절한 크기의 모티브나 요소로 이루어진 패턴을 디자인해야 한다. 배경이 너무 많이 남지 않도록 패턴을 수틀의 가장자리까지 채우도록 한다. 이렇게 하면 모티브가 사라지거나 너무 작아 보이는 일이 없을 것이다.

변형

반복 패턴으로 디자인할 때, 시각적으로 지루하지 않게 하기 위해 할 수 있는 방법이 몇 가지 있다. 유쾌한 느낌을 주는 색상들로 구성하면 패턴이 경직되거나 반복되어 보이는 문제를 해결할 수 있다. 마찬가지로 가끔씩 완전히 다른 색조를 넣어 색상 구성을 깨트리는 특별한 형대를 만들면 재미없어 보이는 사태를 막을 수 있다. 비슷하게 똑같이 반복하지 않고 모양을 약간 변형하면 시각적인 재미를 유지하는 데 도움 된다. 내가 주로 사용하는 비법은 패턴 안에서 일부 요소의 변칙을 약간만 허용하는 것이다. 일부 요소를 돋보이게 하면 작품 전체가 놀라울 정도로 바뀔 것이다.

색상

색상은 펀치 니들 작품에서 중요한 부분이다. 때때로 따라야 하는 규칙이 있는가 하면 때로는 그런 규칙을 깨트리는 것이 좋다. 한편 훌륭한 펀치 니들 작품은 색상 변화 없이 제한된 색상을 사용해서 나올 수도 있고, 반면에 아주 풍부한 색조 조합을 통해 나올 수도 있다. 색상은 모티브의 모양에 맞게 넓은 평면으로 또는 전체 모티브나 패턴과 무관하게 다채롭게 사용할 수 있다. 무엇이든 가능하지만 색상을 정말 잘 사용하면 형식 요소나 모양, 선을 각각 볼 수 있어서 전체 구성 안에서 묻히지 않는다는 것을 나는 경험으로 알게 되었다. 나한테는 개별 요소들이 눈에 띄는 것이 중요하다. 따라서 대조를 중요하게 생각하는데, 이 효과는 주로 색상과 명암의 구별을 통해 이루어진다. 인접한 색들을 서로 다르게 사용할 뿐만 아니라 빛과 음영의 양을 달리하면 패턴에 생기가 생길 것이다.

그림

대체로 사전에 디자인을 많이 할수록 작품이 더욱 좋아진다. 항상 계획을 충실히 세우고 작업을 하는 것이 좋다. 나는 거의 스케치부터 시작하는데, 그 과정에서 모티브나 패턴을 찾아낸다. 그다음에 스케치를 채색 그림이나 수채화로 그려서 뜨개실의 색상을 정한다. 최종 그림은 모든 요소를 담은 패턴을 선명하게 그린 것이기 때문에 도안 역할을 한다. 따라서 이것을 수틀에 씌운 원단에 옮겨 그리면 된다. 완성된 펀칭 천이 크면 그림이 실물 크기가 아니어도 되지만 작거나 중간 크기의 작품이라면 실물 크기의 그림을 준비하는 것이 좋다.

액세서리
ACCESSORIES

브로치 BROOCH

펀칭한 천으로 핀과 브로치를 만들면 개성을 마음껏 표현할 수 있다. 디자인이 자그마한 추상적 구성이든 식물의 이미지든, 이 작품은 화사한 색감과 질감으로 옷깃이나 핸드백에 포인트를 더할 수 있는 정말 좋은 방법이다. 그뿐만 아니라 이 브로치는 하나만 착용해도 되고 여러 개를 한꺼번에 달아도 좋다. 펀치 니들에 자수실을 끼워서 섬세하게 표현하고 여기에 파일의 높이를 키우면 브로치는 조각품이 되고 펀칭 천은 착용할 수 있는 예술품의 경지로 올라간다.

도구와 재료

리넨 지름 15cm의 자수틀에 씌운다. 브로치 한 개에 지름 약 6cm의 원 모양 리넨 한 장이 필요하다. 더 큰 자수틀이라면 펀칭 작업을 한꺼번에 여러 개 해도 된다.

브로치 도안 blog.naver.com/goldentimebooks(159쪽 참조) 원하는 크기로 내려 받는다. 색상 도안은 41쪽을 참조한다.

먹지

부드러운 미술용 연필

큰 사이즈 울트라 펀치 니들

8가지 색상의 자수실 4타래 또는 핑거링사(브로치 2개용) 사용할 펀치 니들 도구에 맞는 다른 실로 대체할 수 있다(펀치 니들의 사이즈가 달라지면 그에 맞는 무게의 뜨개실 사용). 이 작품에 사용된 실의 자세한 정보는 158쪽을 참조한다.

가위

바느질 바늘과 실

붓, PVA 접착제(옵션)

펠트지(뒤판용)

브로치 핀 폭 2.5cm 이상, 커다란 안전핀으로 대용 가능

만드는 법

시작하기

1. 리넨 원단을 자수틀에 끼운다(자세한 방법은 14~17쪽 참조).

2. 브로치 도안의 사본이 브로치 핀의 길이보다 1.25cm 큰지 확인한 뒤, 리넨 원단 위에 먹지를 놓고 그 위에 도안 사본을 놓는다. 20~21쪽의 설명에 따라 먹지를 이용하여 이미시를 원단에 옮겨 그린다. 브로치의 둘레를 따라 1.25cm의 시접을 둔다.

3. 이 작품은 완성면이 파일면(뒷면), 그러니까 펀칭을 하는 면의 반대면이다. 자수면(또는 앞면)을 브로치의 뒷면으로 만들면 펀칭 천을 브로치 핀의 빈 면에 부착할 때 편평하게 앉힐 수 있다. 또한 파일면의 스티치 높이를 조절하여 질감을 더 살릴 수 있다.

펀칭하기

4. 이제 펀칭을 시작한다. 먼저 원하는 색상의 실로 각 모양의 윤곽선부터 펀칭을 한 뒤 그 안을 채운다(스티치에 대한 자세한 설명은 27~29쪽 참조). 이 펀칭 천들에는 다양한 효과를 위해 여러 가지 스티치를 펀칭했다. 기하학적인 디자인(아래 그림 왼쪽)은 여러 색상이 돋보일 수 있는 단순한 표면을 연출하기 위해 모두 파일 스티치로 만들었다. 한편 추상적인 디자인(아래 그림 오른쪽)은 파일 스티치와 터프트 스티치를 함께 써서 질감과 모양을 좀 더 과장했다. 펀치 니들을 조정하여 파일의 높이를 더 높인 뒤, 고리 끝을 잘라서 터프트 스티치를 한다. 다양한 모양으로 마음껏 스티치를 변형시켜보자.

바느질하기

5. 펀칭을 마치면 수틀에서 리넨 원단을 빼서 완성된 파일면이 위쪽으로 향하도록 작업대에 펼쳐 놓는다.

6. 브로치 디자인을 따라 시접 1.25cm를 남기고 리넨 원단을 자른다.

7. 자수면이 보이도록 펀칭 천을 뒤집는다. 시접을 뒷면(자수면)으로 깔끔하게 접은 뒤, 앞에서 원단(시접)이 보이지 않는지 확인한다. 접착제를 이용하여 접은 시접을 뒷면에 붙이고, 접착제가 마를 때까지 그 위에 무거운 물건을 올려놓는다. 아니면 펀칭 브로치의 둘레를 따라 홈질을 해서 시접을 뒷면에 고정한다.

8. 펀칭 브로치의 뒤판을 만들기 위해, 완성된 펀칭 브로치의 크기와 모양에 맞추어 펠트지를 자른다. 펠트 조각을 펀칭 브로치 뒷면에 놓아 시접을 가린다.

9. 감침질로 펠트 뒤판을 펀칭 브로치의 뒷면에 고정하는데, 깔끔한 마무리를 위해 최대한 파일 가장자리에 가깝게 꿰맨다.

10. 브로치 핀을 펠트 뒤판에 꿰매어 붙인다.

머리핀 BARRETTE

핸드메이드 제품은 아무리 작아도 눈에 잘 띈다.
자수실이나 핑거링사와 가는 펀치 니들로 아주 섬세하게 장식한 머리핀을 소개한다.
파일 높이를 조절해서 만들었기 때문에 독특한 조각처럼 보이기도 한다.
또한 그동안 모아 놓았던 자투리 뜨개실을 처분할 수 있는 좋은 방법이기도 하다.

도구와 재료

리넨 자수틀에 씌운나.

머리핀 도안(4.2×12cm) blog.naver.com/goldentimebooks(159쪽 참조)에서 내려 받는다. 이때, 도안은 사용하려는 금속 머리핀보다 1.25cm 큰 사이즈가 필요하다. 색상 도안은 45쪽을 참조한다.

먹지

조명

부드러운 미술용 연필

큰 사이즈 울트라 펀치 니들

4~5가지 색상의 자수실 4타래 또는 4겹 핑거링사(머리핀 1개용) 사용할 펀치 니들 도구에 맞는 다른 실로 대체할 수 있다(펀치 니들의 사이즈가 달라지면 그에 맞는 무게의 뜨개실 사용). 이 작품에 사용된 실의 자세한 정보는 158쪽을 참조한다.

가위

글루건 또는 접착제

바느질 바늘과 실

펠트지(뒤판용)

금속 머리핀(너비 9~10cm)

불독 클립 또는 빨래집게

만드는 법

시작하기

1. 리넨 원단을 자수틀에 끼운다(자세한 설명은 14~17쪽 참조).

2. 20~21쪽의 설명에 따라 먹지를 이용하여 리넨에 디자인을 그린다. 또는 손으로 직접 그려도 된다. 그림이 금속 머리핀보다 사방으로 6㎜씩 커야 한다.

3. 이 작품은 완성면이 파일면(뒷면), 그러니까 펀칭을 하는 면의 반대면이다. 자수면(또는 앞면)을 머리핀의 뒷면으로 만들면 펀칭 천을 금속 머리핀에 부착할 때 편평하게 앉힐 수 있다. 또한 파일면의 스티치 높이를 조절하여 질감을 더 살릴 수 있다.

펀칭하기

4. 이제 펀칭을 시작한다. 먼저 원하는 색상의 실로 각 모양의 윤곽선부터 펀칭을 한 뒤, 그 안을 채운다(스티치에 대한 자세한 설명은 27~29쪽 참조).

5. 펀칭을 마치면 리넨을 자수틀에서 빼서 완성된 파일면이 위쪽으로 향하도록 작업대에 펼쳐놓는다. 머리핀 디자인을 따라 시접 1.25㎝을 남기고 리넨 원단을 자른다.

바느질하기

6. 자수면이 보이도록 펀칭 천을 뒤집는다.

7. 시접을 뒷면(자수면)으로 깔끔하게 접은 뒤, 앞에서 원단(시접)이 보이지 않는지 확인한다. 접착제를 이용하여 접은 시접을 리넨의 뒷면에 붙이고, 접착제가 마를 때까지 그 위에 무거운 물건을 올려놓는다. 아니면 펀칭 머리핀 둘레를 따라 홈질을 해서 시접을 뒷면에 고정한다.

8. 펀칭 머리핀의 뒤판을 만들기 위해, 완성된 펀칭 머리핀의 크기와 모양에 맞추어 펠트지를 자른다. 펠트 조각을 펀칭 머리핀의 뒷면에 놓아 시접을 가린다.

9. 감침질로 펠트 뒤판을 펀칭 머리핀의 뒷면에 고정하는데, 깔끔한 마무리를 위해 최대한 파일 가장자리에 가깝게 꿰맨다.

10. 금속 머리핀에 접착제를 발라 위치를 잘 맞추어 펠트 뒤판에 붙인다. 접착제가 완전히 마를 때까지 불독 클립이나 빨래집게로 집어놓는다. 마지막으로 금속 머리핀의 양 끝에 있는 구멍으로 펠트 뒤판에 꿰매어 붙인다.

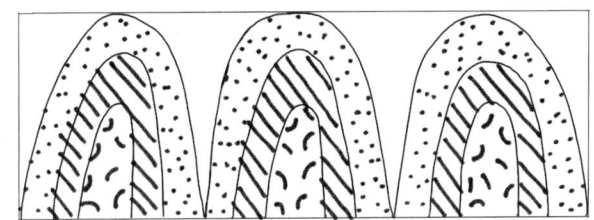

토트백 TOTE

지금 소개하는 토트백은 앞판에 덧댄 밝은 색의 터프트 스티치 장식이 특징이다. 그 덕분에 단순한 가방이 독특한 액세서리로 변신함과 동시에 바깥 주머니까지 갖추게 되었다.

도구와 재료

몽크스 원단 안쪽 사각형의 크기가 최소 23×23cm인 수틀에 씌운다.

대형 스테이플러와 스테이플

토트백 주머니 도안(20×20cm) blog.naver.com/goldentimebooks(159쪽 참조)에서 내려 받는다. 색상 도안은 48쪽을 참조한다.

조명

부드러운 미술용 연필

옥스퍼드 14호 미니 펀치 니들

3가지 색상의 우스티드사(14호 미니 펀치 니들에 적합) 색상별로 100g 2볼(펀치 니들의 사이즈가 달라지면 그에 맞는 무게의 뜨개실 사용). 이 작품에 사용된 실의 자세한 정보는 158쪽을 참조한다.

가위, 작은 손가위, 자

스테이플 제침기

붓, PVA 접착제

24×24cm 크기의 흰색 또는 베이지색 캔버스 천(주머니 뒤판용)

시침핀

흰색 바느질실

재봉틀(지퍼 노루발과 오버로크 노루발 필요)

직사각형 47(가로)×45(세로)cm 크기의 흰색 또는 베이지색 캔버스 천 (앞판과 뒤판용)

폭 2.25cm의 흰색 또는 베이지색 면 웨빙 끈 길이 135cm 2개(손잡이용), 24cm 1개

흰색 또는 베이지색 트윌 띠 폭 2.25cm, 길이 122cm

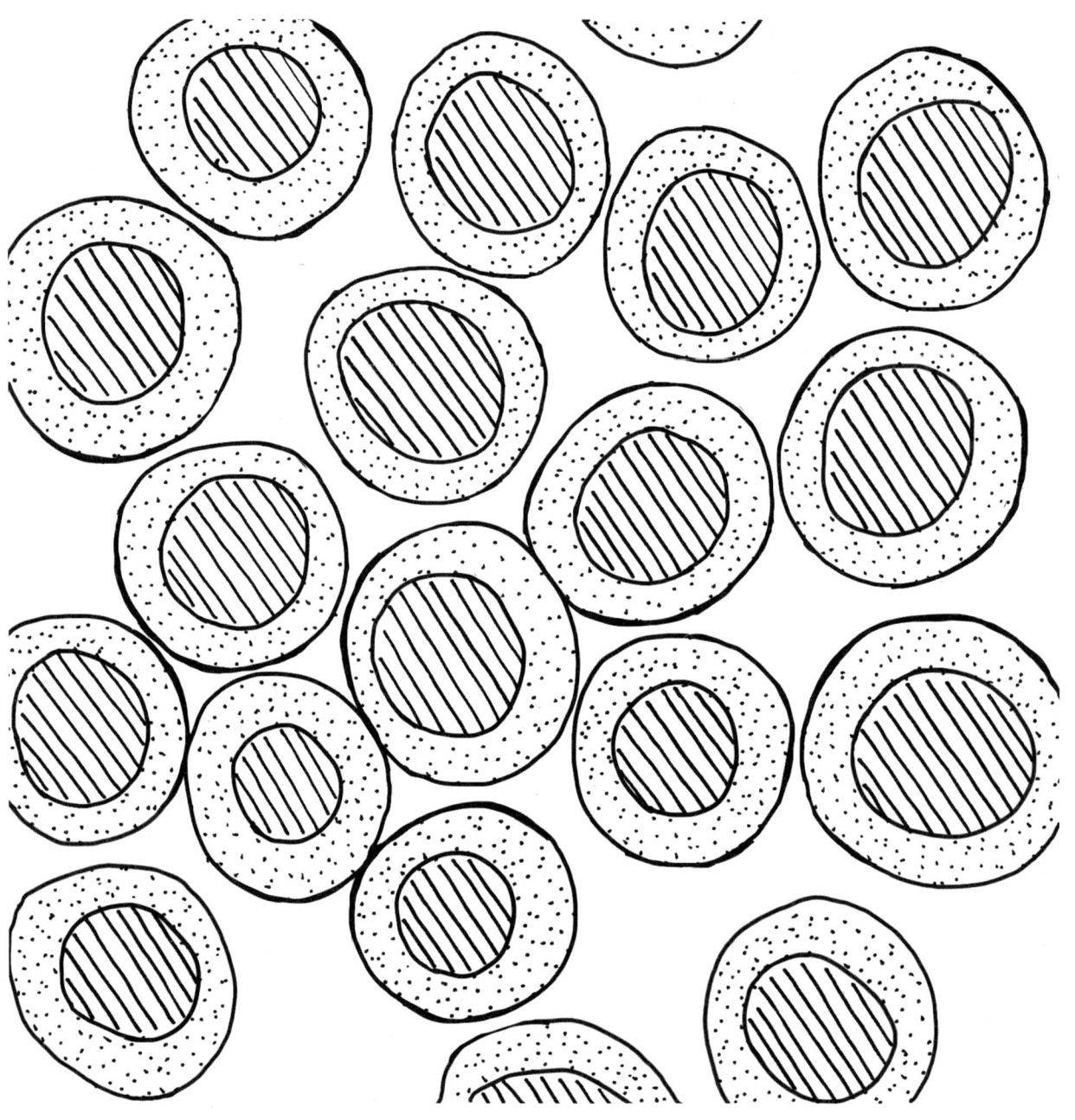

만드는 법

시작하기

1. 몽크스 원단을 수틀에 씌운다(자세한 설명은 14~17쪽 참조). 수틀의 크기가 23×23cm여야 토트백 주머니 디자인을 배열할 수 있다.

2. 수틀에 씌운 원단의 앞면에 주머니 디자인의 그림을 그대로 옮겨 그리거나 직접 손으로 그린다.

펀칭하기

3. 이 작품의 경우, 수틀의 양면에서 펀칭을 해야 한다. 뒷면에서 터프트 스티치로 도드라진 꽃을, 앞면에서는 매끄러운 자수면으로 모티브와 모티브 사이의 안쪽 공간과 배경을 표현한다.

4. 모든 재료를 펼쳐 놓을 수 있는 널찍한 작업대에서 작업을 하면서 골라 놓은 뜨개실을 배열한다. 우선 골라놓은 실로 앞면에서 안쪽 공간과 배경의 윤곽선을 펀칭하는 것부터 시작한다. 이때 직선으로 된 바깥쪽 가장자리와 모서리도 펀칭을 한다(스티치에 대한 자세한 설명은 27~29쪽 참조). 배경부터 펀칭하면 펀칭을 하지 않은 곳에서 꽃의 펀칭 위치를 쉽게 알아볼 수 있다.

5. 수틀을 뒤집어서 터프트 스티치를 한다. 원하는 색상(여기에서는 빨간색)의 실로 뒷면에서 꽃 모양의 윤곽선부터 펀칭을 한 뒤, 각 모양의 안쪽을 채운다.

6. 꽃 디자인에서 짙은 색인 중심의 도안이 더 이상 보이지 않으면 원단의 뒷면에 안내선을 그려야 할 수도 있다. 아니면 이따금 앞면의 도안을 보면서 그냥 그 위치를 어림한다. 어느 방식이든 이 디자인에서는 정확한 위치나 크기가 중요하지 않다.

7. 꽃 디자인의 펀칭이 끝나면 수틀을 뒤집어서 앞면이 위쪽으로 향하도록 놓고, 작은 손가위로 고리 끝을 잘라서 도드라진 파일을 터프트 스티치로 만든다. 터프트 스티치의 높이를 고르게 정돈한다.

바느질하기

8. 펀칭이 끝나면 스테이플 제침기를 이용하여 수틀에서 원단을 빼고, 완성면이 아래쪽으로 향하도록 작업대 위에 펼쳐 놓는다. 올이 풀어지는 것을 방지하기 위해 붓으로 펀칭 천의 뒷면에 PVA 접착제를 바른다. 접착제가 마르도록 둔다.

9. 토트백의 앞주머니를 만들기 위해, 펀칭 천을 겉면이 위쪽으로 향하도록 작업대 위에 펼쳐 놓는다. 주머니 디자인을 따라 시접 5cm를 남기고 원단을 자른다.

10. 주머니 뒤판(24×24cm 크기의 캔버스 천)을 펀칭 천 위에 겉면끼리 맞대어 놓고 가장자리를 맞춘다. 윗단에만 시침핀을 꽂고, 펀칭 스티치의 가장자리에 최대한 가깝게 박음질을 한다.

11. 솔기를 펼치고 누른다.

12. 그 다음에 캔버스 천의 안쪽 면(뒷면)과 펀칭 천이 맞닿도록 주머니 뒤판을 접는다. 원한다면 상단 가장자리를 따라 누른 솔기 바로 아래에서 한 줄 상침질을 한다.

13. 박음질하지 않은 세 가장자리에서 시접 2cm를 남기고 몽크스 원단과 캔버스 천을 자른다. 시접은 웨빙 끈 아래로 꼭 맞게 들어가 보이지 않을 정도여야 한다.

14. 직사각형(가로 세로 47×45cm)의 캔버스 천 두 장을 놓고, 각각 위에서 1.25cm의 단을 박는다. 이 직사각형 중 하나(가방 앞판)의 겉면에 펀칭을 한 주머니를 놓는데, 중앙을 맞추고 상단에서 약 5cm 아래에 놓는다. 시침핀으로 고정한다.

15. 이제 주머니를 가방 앞판에 붙인다. 먼저 24cm 길이의 웨빙 끈을 펀칭 주머니의 밑단에 가로로 놓는데, 시접을 가리면서 펀칭 부분에 가지런히 맞춘다. 웨빙 끈 위에서 길게 위아래를 박음질해서 가방 앞판에 붙인다.

16. 토트백의 손잡이를 달기 위해, 비슷한 방식으로 135cm 길이의 웨빙 끈 하나를 가방 앞판에 세로로 길게 놓고 시침핀으로 고정한다. 끈은 가방 앞판의 밑단에서 시작해서 펀칭 주머니의 옆선을 따라 시접을 가리면서 위로 올라가서 앞판의 꼭대기까지 이어진다.

17. 손잡이를 보기 좋게 만들기 위해, 고리로 충분한 길이를 남기고, 웨빙 끈을 펀칭 주머니의 다른 옆선을 따라 밑단까지 가져온다. 시접을 가리면서 시침핀으로 고정한다.

18. 손잡이 위에서 박음질을 하는데, 가방 상단에서는 추가로 되박기를 해서 손잡이를 튼튼하게 만든다. 가방 뒤판에서도 같은 방식으로, 처음 만든 손잡이의 위치와 간격에 맞추어 웨빙 끈을 박음질해서 손잡이를 만든다. 두 손잡이의 길이가 똑같은지 확인한다. 이제 토트백의 앞판과 뒤판을 만들었다.

19. 캔버스 천 앞판과 뒤판을 겉면끼리 맞대어 시침핀으로 고정한 뒤, 옆선, 밑단, 다른 옆선 순으로 박음질을 해서 연결한다. 솔기 마감을 위해 박음질을 할 때 오버로크 노루발을 사용하거나 트윌 끈을 대고 박는다.

20. 가방을 계속 뒤집은 상태에서, 거싯(가방 용량을 늘리기 위해 삼각형 모양으로 만드는 시접 부분_옮긴이)을 만든다. 손을 가방 안으로 넣어 한쪽 모서리로 가져간다. 바닥 솔기와 옆선 솔기가 만나는 곳에서 모서리를 삼각형으로 접는다.

21. 솔기를 펼쳐서 누르고, 옆선 솔기와 바닥 솔기가 일직선이 되도록 납작하게 접는다. 옆선 솔기와 바닥 솔기의 선을 맞추기 위해, 앞에 있는 솔기 가운데에 시침핀을 꽂고 뒤에 있는 솔기 가운데로 나오도록 잘 조정한다.

22. 모서리에서 5cm 아래에 가로로 시침핀을 꽂아 삼각형의 밑변을 만든다. 꽂은 시침핀을 따라 박음질을 하는데, 양끝에서는 모서리 솔기를 튼튼하게 만들기 위해 되박기를 한다. 이렇게 하면 10~12.5cm의 거싯이 생긴다.

23. 반대편 모서리에서도 같은 방식으로 거싯을 만든다. 겉면이 바깥쪽으로 나오도록 뒤집으면 토트백 완성!

파우치 POUCH

펀칭 작품으로 파우치나 지갑 같은 개인 소지품을 만드는 것은 창의성과 개성적인 스타일을 발휘할 수 있는 좋은 방법이다. 이 파우치는 다양한 스티치를 적용하기 위해 양면에서 펀칭을 해서 근사한 디자인을 자랑한다. 자수 스티치, 파일 스티치, 터프트 스티치 등 다양한 스티치로 입체적인 특징을 더욱 두드러지게 표현해보자.

도구와 재료

봉크스 원단 안쪽 사각형의 크기가 최소 20×25cm인 수틀에 씌운다.

대형 스테이플러와 스테이플

파우치 도안(25×19cm) blog.naver.com/goldentimebooks(159쪽 참조)에서 내려 받는다. 색상 도안은 55쪽을 참조한다.

조명

부드러운 미술용 연필

옥스퍼드 14호 미니 펀치 니들

3가지 색상의 우스티드사(14호 미니 펀치 니들에 적합) 세부 묘사에서는 색상별로 100g 1볼, 배경색은 100g 2볼(펀치 니들의 사이즈가 달라지면 그에 맞는 무게의 뜨개실 사용). 이 작품에 사용된 실에 대한 자세한 정보는 158쪽을 참조한다.

스테이플 제침기

붓, PVA 접착제

가위, 시침핀

35×30cm 크기의 원하는 색 캔버스 천(파우치 뒤판용, 펀칭을 한 앞판의 크기에 맞추어 자르는 법은 만드는 법 참조)

35×30cm 크기의 모슬린(안감용, 크기에 맞추어 자르는 법은 만드는 법 참조)

지퍼(길이 23cm)

재봉틀(지퍼 노루발 필요)

바느질 바늘과 실

가죽이나 원단으로 된 끈, 짧은 나무 은못이나 나무 비즈(지퍼 손잡이용, 옵션)

만드는 법

시작하기

1. 몽크스 원단을 수틀에 씌운다(자세한 설명은 14~17쪽 참조). 수틀의 크기가 최소 20×25cm여야 파우치 디자인을 배열할 수 있다.

2. 20~21쪽의 설명에 따라 수틀에 씌운 원단의 앞면에 파우치 디자인의 그림을 그대로 옮겨 그린다.

3. 이 직품의 경우, 수틀의 양면에서 핀칭을 해야 한다. 뒷면에서 터프트 스티치로 도드라진 꽃을, 앞면에서는 매끄러운 자수면으로 모티브와 모티브 사이의 안쪽 공간과 배경, 줄기를 표현한다.

펀칭하기

4. 앞면에서 펀칭을 시작한다. 먼저 골라 놓은 실로 줄기에 펀칭을 한다. 다음에 배경의 윤곽선과 작은 내부 공간들에서 펀칭을 한다. 이때 바깥쪽 가장자리와 파우치의 모서리에서도 펀칭을 해서 깔끔하게 표현한다. 이제 각 모양의 윤곽선 안쪽을 채운다(스티치에 대한 자세한 설명은 27~29쪽 참조). 배경부터 펀칭하면 펀칭을 하지 않은 곳에서 꽃의 펀칭 위치를 쉽게 알아볼 수 있다.

5. 수틀을 뒤집어서 터프트 스티치를 한다. 원하는 색상(여기에서는 노란색)의 실로 뒷면에서 둥근 꽃 모양의 윤곽선부터 펀칭을 한 뒤 각 모양의 안쪽을 채운다. 배경부터 펀칭을 했으므로 이제 도드라지는 파일 스티치로 꽃을 표현한다.

6. 펀칭이 끝나면 스테이플 제침기를 이용하여 수틀에서 원단을 빼고, 완성면이 아래쪽으로 향하도록 작업대 위에 펼쳐 놓는다.

7. 올이 풀어지는 것을 방지하기 위해 붓으로 펀칭 천의 뒷면에 PVA 접착제를 바른다. 접착제가 마르도록 둔다.

바느질하기

8. 파우치를 만들기 위해, 펀칭 천을 겉면이 위쪽으로 향하도록 작업대 위에 펼쳐 놓는다. 파우치 앞판을 따라 시접 5cm를 남기고 원단을 자른다(시접이 너무 여유 있게 보일 수도 있지만 몽크스 원단을 비롯한 다른 원단 종류는 올이 질 풀릴 수 있음을 유념한다. 올 풀림을 방지하기 위해 시접의 끝에 풀을 약간 발라야 할 수도 있다).

9. 파우치 뒤판용으로 펀칭을 한 파우치 앞면과 같은 크기(시접 포함)로 캔버스 원단을 자른다.

10. 안감 원단을 잘라서 펀칭한 파우치 앞판과 같은 크기의 안감 두 장을 만든다.

11. 파우치 앞판을 만든다. 펀칭을 한 앞면과 안감 한 장을 겉면끼리 맞대고 사방을 맞춘다. 곡선 가장자리를 따라 시침핀을 꽂는다.

12. 직선 가장자리를 따라 앞면과 안감 사이에 지퍼를 끼우고 가장자리를 모두 맞추는데, 지퍼는 원단에 가려져서 보이지 않는다. 시침핀을 꽂아 고정한다.

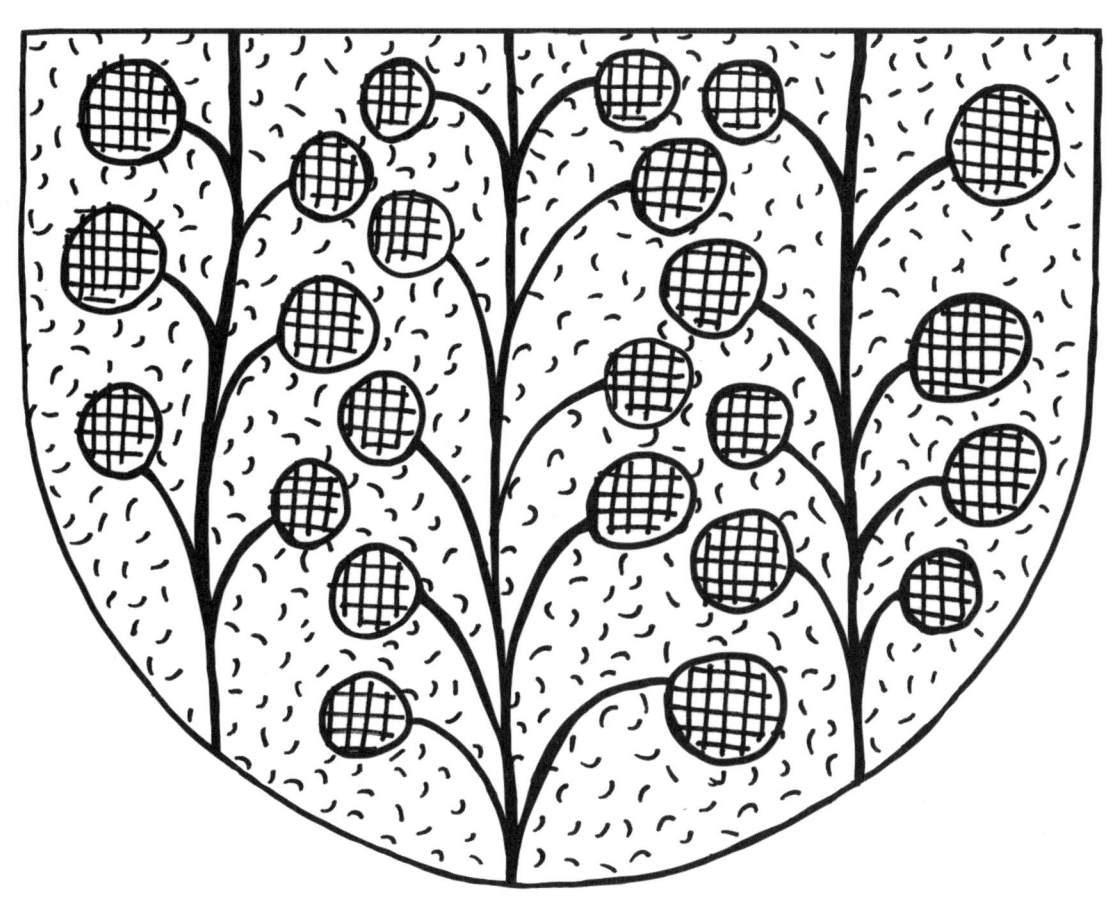

13. 펀칭을 한 앞면을 제일 위에 놓고, 재봉틀에 지퍼 노루발을 장착해 직선 가장자리를 따라 박음질을 한다. 펀칭 스티치의 가장자리에 최대한 가깝게 박아야 한다.

14. 파우치 뒤판(캔버스 천)과 두 번째 안감, 지퍼의 다른 쪽도 같은 방식으로 연결한다.

15. 원단 네 장이 모두 지퍼에 연결되었으면 안감 두 장이 겉면끼리 맞닿고 파우치 앞면과 뒷면이 겉면끼리 맞닿도록 잘 맞추어 놓는다.

16. 편평하게 펼쳐 놓은 파우치는 달걀 모양으로 보일 것이다. 펀칭을 한 앞판을 제일 위에 놓고 시침핀을 꽂은 뒤, 남은 가장자리에서 박음질을 하는데 곡선에서 10㎝ 정도의 창구멍을 남긴다. 이번에도 지퍼 노루발을 장착해 펀칭 스티치의 가장자리에 최대한 가깝게 박는다.

17. 겉면이 바깥쪽으로 나오도록 창구멍을 통해 파우치를 뒤집는다. 창구멍을 감침질로 막는다.

18. 지퍼 손잡이 역할을 할 짧은 가죽 끈이나 원단 끈을 덧대서 파우치를 완성한다. 원할 경우, 추가로 가죽이나 원단으로 된 끈에 구멍이 있는 나무 은못이나 큰 나무 비즈를 끼워서 마무리한다.

미니백 SMALL PURSE

예술작품 같은 이 미니백은 의상을 산뜻하게 꾸며주는 좋은 액세서리다.
미니백의 앞판은 현대적인 추상화를 표현한 펀치 니들 작품이고 뒤판은 면직물이다.
끈을 가죽 또는 원단으로 길게 만들어서 옆으로 맬 수 있는 이 크로스백은 계절에
상관없이 언제나 매고 다닐 수 있다.

도구와 재료

몽크스 원단 안쪽 사각형의 크기가 최소 20×71㎝인 수틀에 씌운다.

대형 스테이플러와 스테이플

미니백 도안(25×30㎝) blog.naver.com/goldentimebooks(159쪽 참조)에
서 내려 받는다. 색상 도안은 64쪽을 참조한다.

조명

부드러운 미술용 연필

옥스퍼드 14호 미니 펀치 니들

8가지 색상의 우스티드사(14호 미니 펀치 니들에 적합) 색상별로 100g 1볼
(펀치 니들의 사이즈가 달라지면 그에 맞는 무게의 뜨개실 사용).
이 작품에 사용된 실에 대한 자세한 정보는 158쪽을 참조한다.

스테이플 제침기

붓, PVA 접착제

가위

35.5×30㎝ 크기의 원하는 색 캔버스 천(뒤판용, 펀칭을 한 앞판의 크기에
맞추어 자르는 법은 만드는 법 참조)

23×28㎝ 크기의 얇은 면직물 2장(안감용, 크기에 맞추어 자르는 법은
만드는 법 참조)

시침핀

재봉틀(지퍼 노루발 필요)

바느질 바늘과 실

작은 송곳

가죽 또는 웨빙 끈 폭 2.5㎝, 길이 115㎝

바늘과 왁스사(끈을 가방에 꿰매는 용도)

만드는 법

시작하기

1. 몽크스 원단을 수틀에 씌운다(자세한 설명은 14~17쪽 참조). 수틀의 안쪽의 크기가 최소 20×71cm여야 미니백 디자인을 배열할 수 있다.

2. 20~21쪽의 설명에 따라 수틀에 씌운 원단의 앞면에 미니백 디자인의 그림(64쪽 참조)을 그대로 옮겨 그린다.

펀칭하기

3. 이 작품은 완성면이 자수면(또는 앞면), 그러니까 펀칭을 하는 면이다. 앞면에서는 자수 스티치의 방향이 눈에 더 잘 띄기 때문에 펀칭을 시작할 때 이 점을 유념해야 한다.

4. 시작하기 전에 스티치 패턴을 결정하고 펀칭을 하는 내내 그대로 일관성 있게 해야 한다(스티치에 대한 자세한 설명은 27~29쪽 참조).

5. 이제 펀칭을 시작한다. 먼저 원하는 색상의 실로 앞면에서 띠의 윤곽선부터 펀칭을 한 뒤 그 안을 채운다.

6. 띠를 모두 펀칭한 뒤에는 이어서 같은 방식으로 배경을 채운다. 디자인의 가장자리까지 펀칭을 해서 앞판의 가장자리를 깔끔한 직선으로 만든다.

7. 디자인의 모든 구획을 채우면 스테이플 제침기를 이용하여 수틀에서 원단을 뺀다. 완성된 자수면이 아래쪽으로 향하도록 작업대 위에 펼쳐 놓는다.

8. 올이 풀어지는 것을 방지하기 위해 붓으로 펀칭 천의 뒷면에 PVA 접착제를 바른다. 접착제가 마르도록 둔다.

바느질하기

9. 미니백을 만들기 위해, 펀칭 천을 겉면이 위쪽으로 향하도록 작업대 위에 펼쳐 놓는다.

10. 미니백 앞판 디자인을 따라 시접 2.5cm를 남기고 원단을 자른다(시접이 너무 여유 있게 보일 수도 있지만 몽크스 원단을 비롯한 다른 원단 종류는 올이 잘 풀릴 수 있음을 유념한다. 올 풀림을 방지하기 위해 시접의 끝에 풀을 약간 발라야 할 수도 있다).

11. 미니백 뒤판용으로 펀칭을 한 미니백 앞판과 같은 크기(시접 1.25cm 포함)로 캔버스 천을 자른다.

12. 안감 원단을 잘라서 펀칭한 미니백 앞판과 같은 크기의 안감 두 장을 만든다. 단, 안감의 시접은 1.25cm다.

크로스백 만드는 법 HOW TO MAKE A CROSS BODY BAG

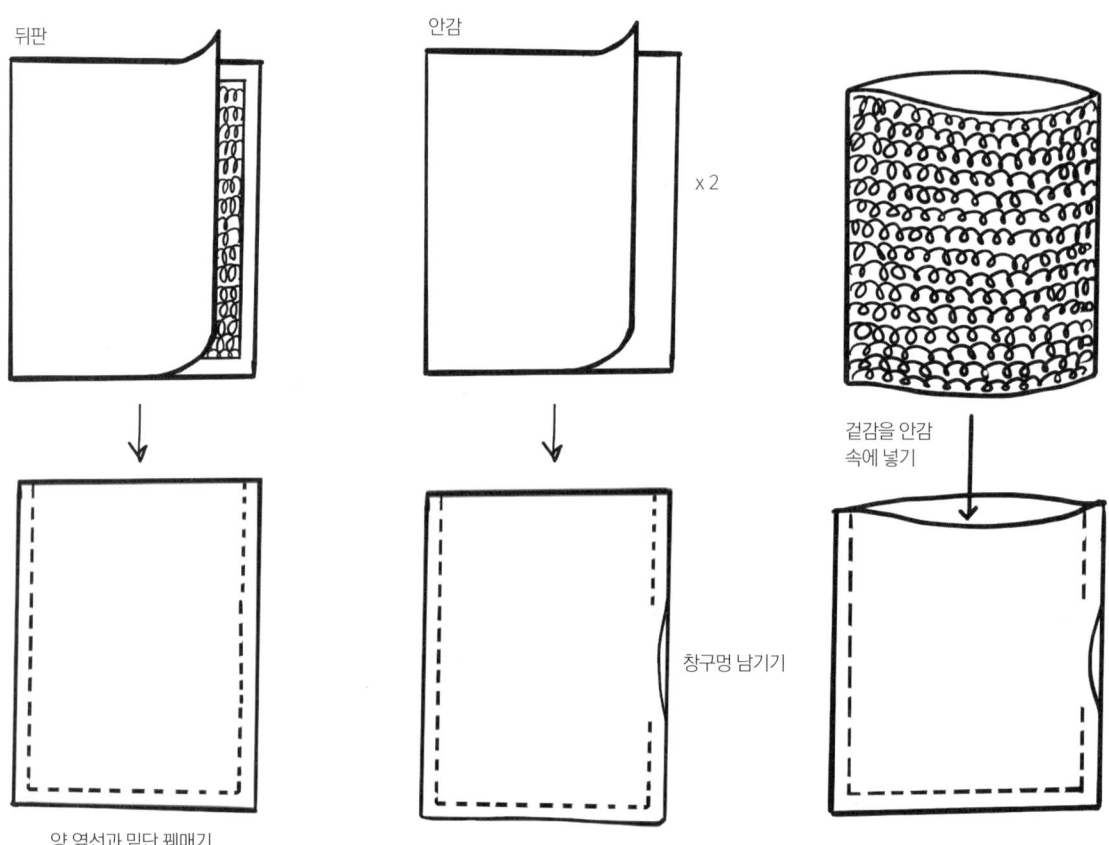

13. 미니백을 만들기 위해 펀칭을 한 앞판과 캔버스 뒤판을 겉면끼리 맞대고 사방을 맞춘다. 서로 맞대어 있는 두 장을 뒤집어서 펀칭을 한 앞판의 안면이 캔버스 뒤판의 위에 오도록 한다.

14. 펀칭을 한 앞판을 제일 위에 놓고, 재봉틀에 지퍼 노루발을 장착시켜서 양 옆선과 밑단에서 박음질을 한다. 펀칭을 한 스티치의 가장자리에 최대한 가깝게 박아야 한다.

15. 솔기를 펼쳐서 누르고, 겉면이 바깥쪽으로 나오도록 미니백을 뒤집는다.

16. 안감 두 장을 겉면끼리 맞대고 사방을 맞추어 시침핀을 꽂는다. 양 옆선과 밑단에서 박음질을 하는데, 한쪽 옆선 중간에 약 10cm의 창구멍을 남긴다.

17. 안감의 겉면이 안쪽으로 향한 상태에서, 겉면이 바깥쪽으로 향해 있는 미니백 겉감을 안감 속에 넣고 상단을 맞춘다.

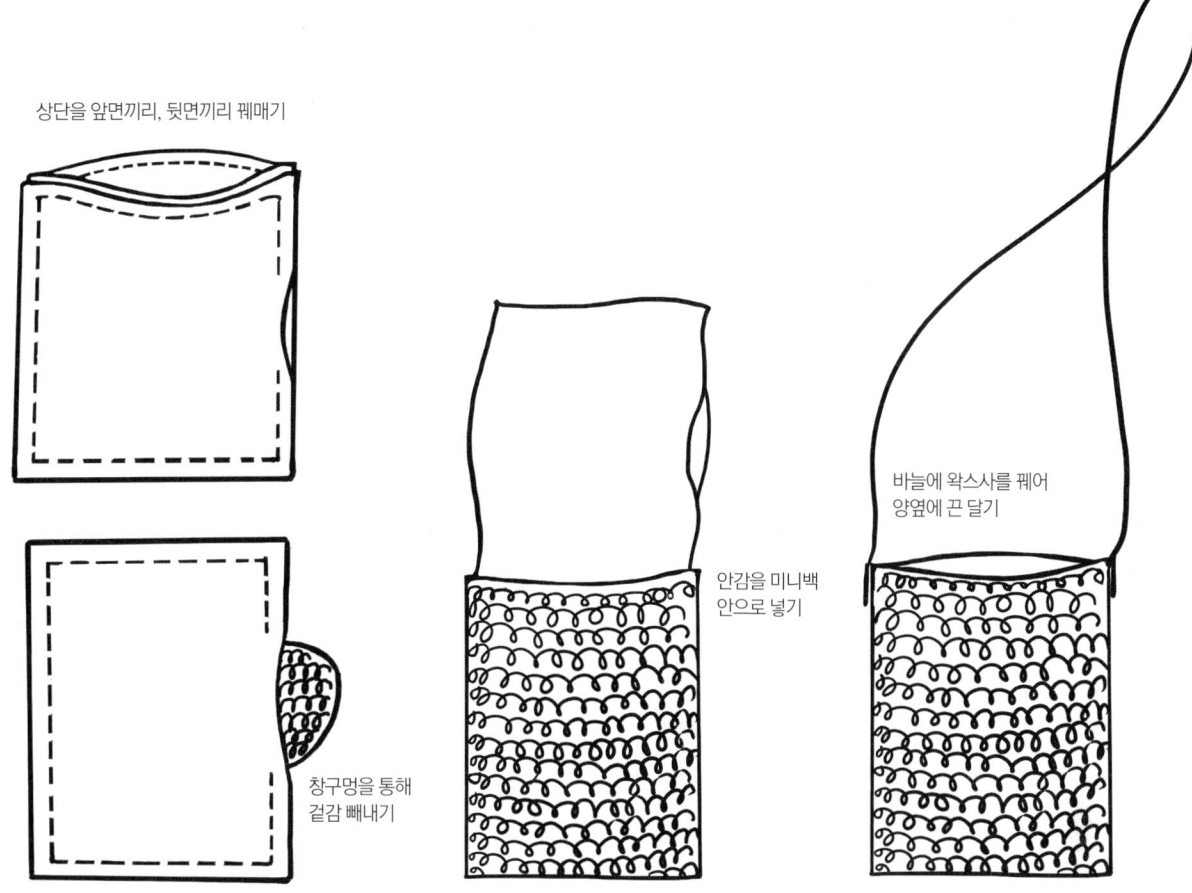

18. 재봉틀에 지퍼 노루발을 장착시켜서 안감과 겉감의 상단을 앞면끼리, 뒷면끼리 박음질한다. 이번에도 펀칭을 한 스티치의 가장자리에 최대한 가깝게 박는다.

19. 겉면이 바깥쪽으로 나오도록 창구멍을 통해 미니백을 뒤집는다. 미니백의 모서리도 창구멍으로 잘 빼내서 편평한 직사각형이 되게 한다. 감침질로 창구멍을 막는다.

20. 작은 송곳으로 가죽 끈의 양 끝에서 2.5㎝ 안쪽의 가운데에 구멍을 낸다.

21. 마지막으로 가죽 끈의 한쪽 끝을 미니백의 옆 솔기 상단에 단다. 큰 바늘에 왁스사를 꿰어 구멍을 통해 손바느질로 튼튼하게 꿰맨다.

22. 가죽 끈의 다른 쪽 끝도 반대쪽 옆 솔기에 꿰매어 단다.

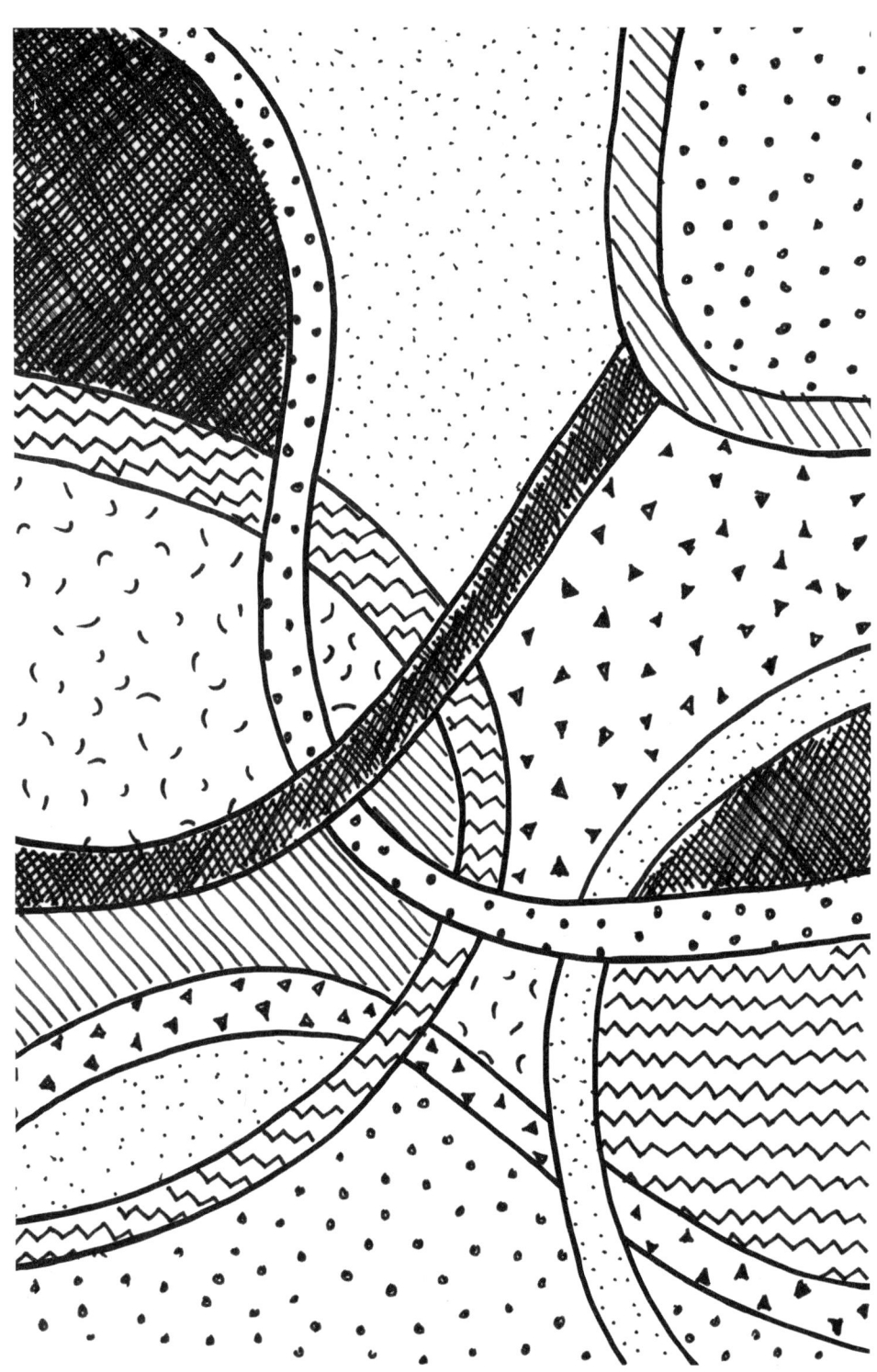

가정 용품
HOMEWARES

코스터 COASTERS

코스터는 정말 단순한 소품이지만 색색의 코스터 세트는 단순히 실용적인 소품을 넘어서 깔끔하고 모던한 디자인으로 테이블을 환하게 밝혀주는 장식품이다.
각 코스터는 서로 다른 기하학적인 디자인이지만 일관된 색상 배열로 4종을 함께 놓으면 완벽한 세트를 이룬다. 또한 쓰고 남은 뜨개실들을 처분할 수 있는 좋은 방법이기도 하므로 갖고 있는 색상 안에서 마음껏 배합해보자.

도구와 재료

몽크스 원단 지름 15cm의 자수틀에 씌운다. 4종의 코스터를 동시에 만들 경우, 한 디자인을 펀칭한 뒤 자수틀의 위치를 바꾸고 다음 디자인을 펀칭한다. 이때 코스터마다 1.25cm의 시접을 확보해야 한다.

코스터 도안(지름 10cm) blog.naver.com/goldentimebooks(159쪽 참조)에서 내려 받는다. 색상 도안은 71쪽을 참조한다.

조명

부드러운 미술용 연필

마스킹 테이프 또는 큰 머그잔(옵션)

옥스퍼드 10호 레귤러 펀치 니들

4~6가지 색상의 벌키사(10호 레귤러 펀치 니들에 적합) 색상별로 100g 1볼 (펀치 니들의 사이즈가 달라지면 그에 맞는 무게의 뜨개실 사용). 이 작품에 사용된 실의 자세한 정보는 158쪽을 참조한다.

가위

붓, PVA 접착제(옵션)

바느질 바늘과 실

펠트지(뒤판용)

만드는 법

시작하기

1. 몽크스 원단을 자수틀에 끼운다(자세한 설명은 14~17쪽 참조).

2. 첫 번째 코스터의 이미지를 원단의 앞면에, 시접 1.25cm를 두고 옮겨 그린다(자세한 방법은 20~21쪽 참조). 마스킹 테이프의 심지나 큰 머그잔의 바닥 등 지름이 약 10cm인 둥근 물체를 대고 그린 뒤, 그 원 안에 디자인을 직접 그려도 된다.

3. 이 작품은 완성면이 파일면(뒷면), 그러니까 펀칭을 하는 면의 반대면이다. 자수면(또는 앞면)을 코스터의 바닥으로 만들면 코스터를 테이블 위에 평평하게 올려놓을 수 있다. 또한 펀치 니들 10호를 사용하면 파일의 높이를 6mm로 일정하게 만들 수 있다.

펀칭하기

4. 선택한 색상의 실로 먼저 각 모양의 윤곽선부터 펀칭을 한 뒤, 그 안을 채운다(스티치에 대한 자세한 설명은 27~29쪽 참조). 나는 보통 기하학적으로 완벽하지 않더라도 수제 느낌이 나는 것을 좋아하지만, 어떤 때는 정돈된 모양도 보기에 좋다. 선을 깔끔하게 처리하려면 먼저 그림을 정확하게 그려야 한다. 그런 다음 각 모양의 윤곽선을 따라 세 칸씩 신중하게 펀칭해나간다.

5. 펀칭한 선이 마음에 들지 않으면 그냥 실을 잡아당겨서 풀고 다시 하면 된다. 직선이라면, 직물의 짜임새를 따라가며 줄무늬의 간격이 일정하도록 칸수를 세며 작업하면 된다.

6. 펀칭을 마치면 자수틀의 위치를 바꾸고 2~5단계를 반복하면서 남은 디자인을 펀칭한다.

7. 원단을 자수틀에서 빼서 파일면이 위쪽으로 향하도록 작업대에 펼쳐놓는다. 각 코스터 디자인을 따라 시접 1.25cm를 남기고 원단을 자른다. 자른 가장자리에서 올이 너무 많이 풀리지 않도록 주의한다.

바느질하기

8. 자수면이 보이도록 펀칭 천을 뒤집는다.

9. 각 코스터의 시접을 뒷면(자수면)으로 깔끔하게 접는다. 파일의 가장자리 직전까지 접고 앞에서 원단이 보이지 않는지 확인한다.

10. 접착제를 이용하여 접은 시접을 밑면에 붙이고 접착제가 마를 때까지 그 위에 무거운 물건을 올려놓는다. 아니면 코스터의 뒷면에서 둘레를 따라 홈질을 해서 시접을 뒷면에 고정한다.

11. 뒤판을 만들기 위해 완성된 코스터의 크기에 맞추어 펠트지를 자른다.

12. 원 모양의 펠트 조각을 코스터의 뒷면에 놓아 접은 시접을 가린다.

13. 코스터의 가장자리를 따라 감침질을 하여 펠트 뒤판을 원단에 꿰매어 붙이는데, 최대한 파일의 가장자리에 가깝게 꿰매서 깔끔하게 마무리한다.

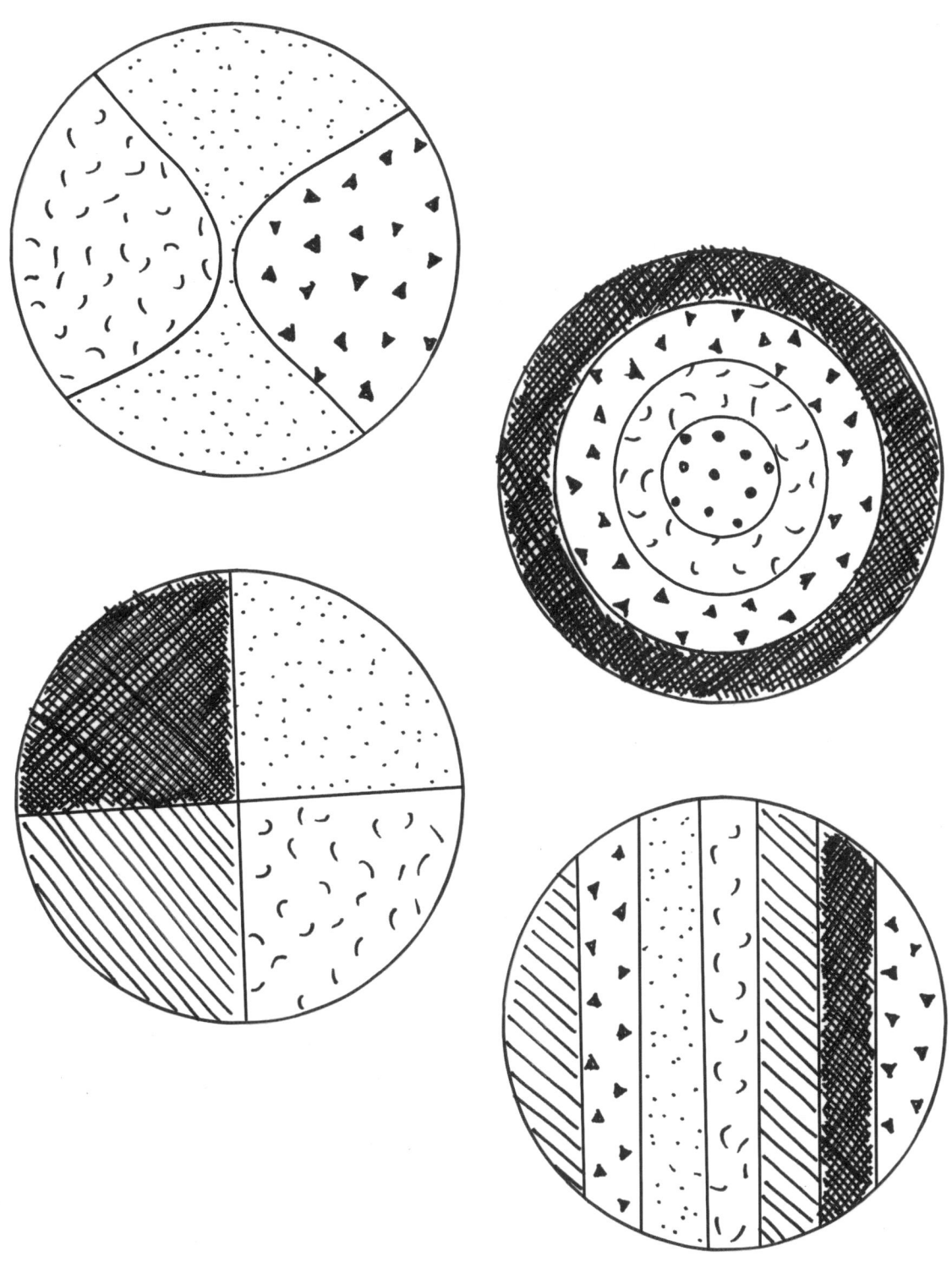

냄비받침 TRIVET

양모는 열을 흡수하는 천연 소재이고 양모에 들어 있는 라놀린은 방수 기능이 있기 때문에, 양모로 펀칭한 이 냄비받침은 식탁에 꼭 필요한 아이템이다.
이 냄비받침은 단열기능이 있어 뜨거운 팬이나 냄비, 접시로부터 식탁 표면을 보호해준다. 또한 기하학적인 디자인과 패턴, 색상 덕분에 모던한 인테리어와 완벽한 조화를 이룬다.

도구와 재료

몽크스 원단 안쪽 크기가 최소 30×30cm인 수틀에 씌운다.

대형 스테이플러와 스테이플

냄비받침 도안(지름 약 29cm) blog.naver.com/goldentimebooks(159쪽 참조)에서 내려 받는다. 색상 도안은 74쪽을 참조한다.

조명

부드러운 미술용 연필

옥스퍼드 10호 레귤러 펀치 니들

5~6가지 색상의 벌키사(10호 레귤러 펀치 니들에 적합) 색상별로 100g 1볼 (펀치 니들의 사이즈가 달라지면 그에 맞는 무게의 뜨개실 사용). 이 작품에 사용된 실의 자세한 정보는 158쪽을 참조한다.

스테이플 제침기

가위

가는 파이핑 끈 약 102cm

불독 클립 또는 빨래집게

돗바늘

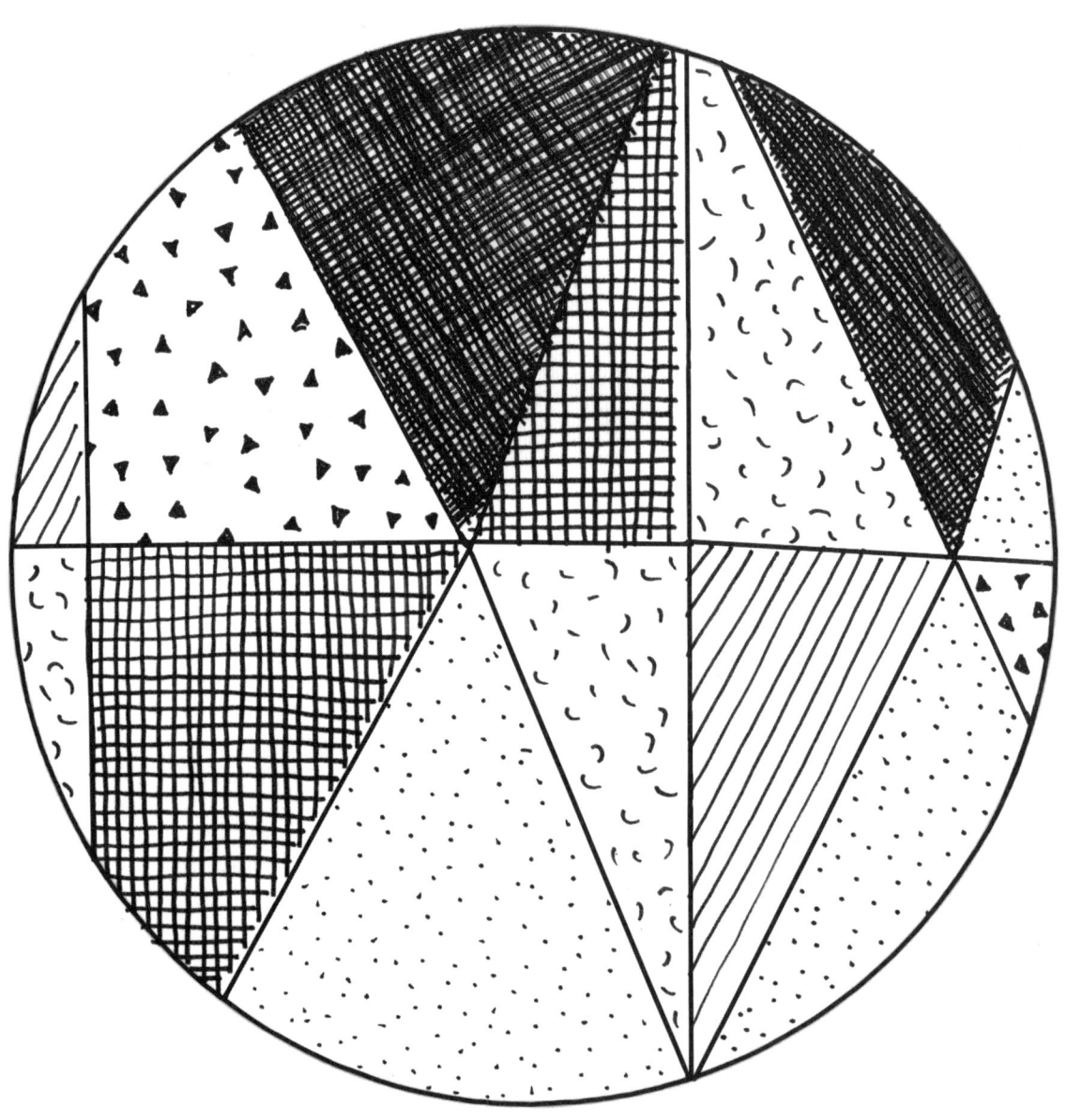

만드는 법

시작하기

1. 몽크스 원단을 자수틀에 씌운다(자세한 설명은 14~17쪽 참조). 수틀 안쪽 크기가 최소 30×30cm여야 시접이 5cm인 냄비받침 디자인을 배열할 수 있다. 시접을 더 많이 두고 싶으면 원단을 좀 더 넉넉하게 자르고, 수틀 크기는 냄비받침을 더 크게 만들 때에만 바꾸도록 한다.

2. 20~21쪽의 설명에 따라 냄비받침의 이미지를 원단의 앞면에 옮겨 그린다.

펀칭하기

3. 이 작품은 완성면이 파일면(뒷면), 그러니깐 펀칭을 하는 면의 반대면이다. 자수면(또는 앞면)을 냄비받침의 바닥으로 만들면 냄비받침을 테이블 위에 평평하게 올려놓을 수 있다.

4. 모든 재료를 늘어놓을 수 있는 널찍한 작업대에 필요한 뜨개실을 배열해 놓는다. 선택한 색상의 실로 먼저 각 모양의 윤곽선부터 펀칭을 한 뒤, 그 안을 채운다(스티치에 대한 자세한 설명은 27~29쪽 참조).

5. 펀칭이 끝나면 스테이플 제침기를 이용하여 수틀에서 원단을 빼고, 파일면이 위쪽으로 향하도록 작업대 위에 펼쳐 놓는다. 냄비받침 디자인을 따라 시접 5cm를 남기고 원단을 자른다. 자른 가장자리에서 올이 너무 많이 풀리지 않도록 주의한다.

6. 이제 가장자리 처리법으로 두 가지 중에 하나를 선택할 수 있다. 첫 번째는 가는 파이핑 끈이나 노끈을 시접에 놓고 시접을 말아 올리는 것이다. 이 방법으로 바인딩을 하면 냄비받침의 가장자리가 좀 더 두드러지고 둥글게 완성된다. 다른 방법은 직접 테두리를 만드는 것인데, 방법은 다음 쪽을 참조한다.

테두리 대는 법 HOW TO ADD AN EDGING

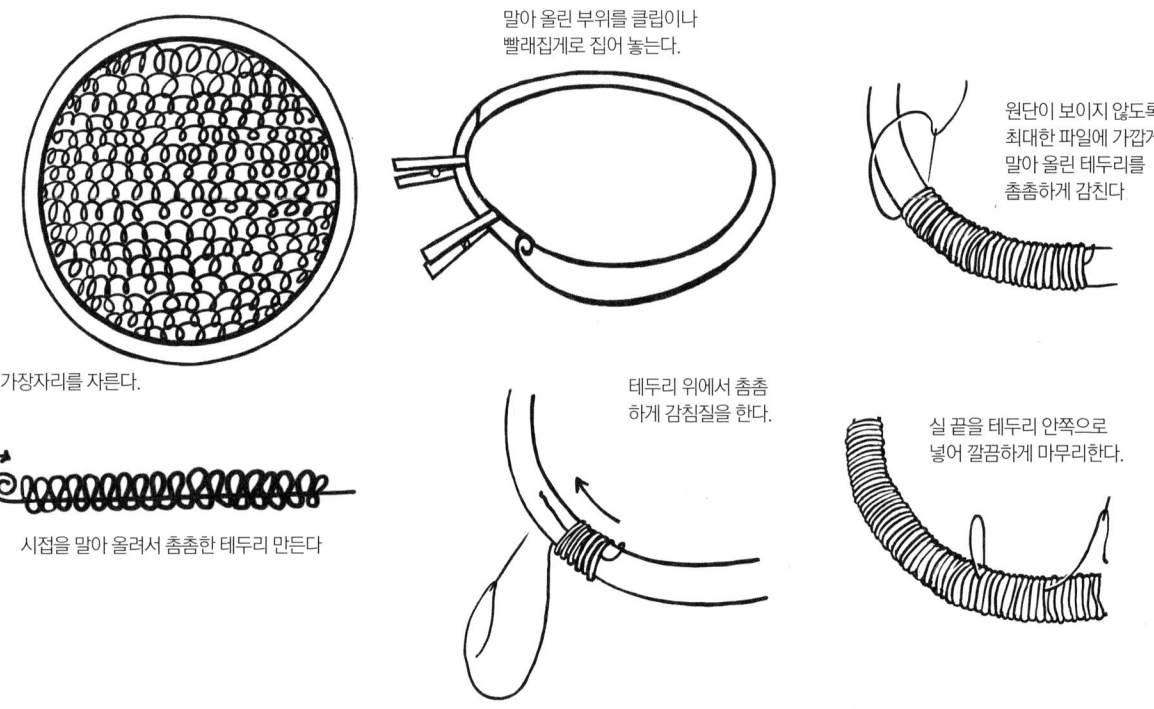

바느질하기

7. 약 1.25㎝의 가는 테두리를 만들기 위해, 시접을 안쪽, 그러니까 펀칭을 한 파일 쪽으로 말아 올린 뒤, 불독 클립이나 빨래집게로 집어 놓는다.

8. 말아 올린 테두리 위에서 벌키사를 꿴 돗바늘로 감침질을 한다. 이때 원단이 보이지 않도록 최대한 파일 가장자리에 가깝게 감친다.

9. 시작 부분에서 실 끝이 풀리지 않게 하기 위해, 말아 올린 테두리에 바느질하는 방향으로 실 끝을 짧게 놓고 그 위로 감침질을 한다.

10. 계속 감침질을 하는데, 스티치 간격을 최대한 좁게 해 테두리를 단단하게 만들어 나간다. 클립이나 빨래집게의 위치를 옮겨 가면서 필요한 부분을 작업한다.

11. 감침질하는 실을 다 썼으면 실의 끝부분을 작업한 부위 안쪽으로 넣어 깔끔하게 정리한다. 8~9단계의 설명대로 새로 실을 꿰어 계속 감침질을 한다.

12. 구간 별로 계속 감침질을 해서 전체 테두리를 완성한다.

수납바구니 DESK STORAGE

이 바구니는 화분 커버와 비슷하지만 안감과 바닥이 있어 어느 공간에서든 쓸모 있다. 재질이 부드러워 뜨개실이나 기타 수공예 용품, 재료 등을 보관하기에 좋다.

도구와 재료

몽크스 원단 안쪽 사각형의 크기가 최소 20×71㎝인 수틀에 씌운다.

대형 스테이플러와 스테이플

수납바구니 도안(높이 17㎝) blog.naver.com/goldentimebooks(159쪽 참조)에서 내려 받는다. 색상 도안은 80쪽을 참조한다.

조명

부드러운 미술용 연필

옥스퍼드 10호 레귤러 펀치 니들

6가지 색상의 벌키사(10호 레귤러 펀치 니들에 적합) 색상별로 100g 2볼(펀치 니들의 사이즈가 달라지면 그에 맞는 무게의 뜨개실 사용). 이 작품에 사용된 실의 자세한 정보는 158쪽을 참조한다.

스테이플 제침기

가위

지름 16㎝의 원형 캔버스 천 2개(수납바구니 바닥과 안감 바닥)

재봉틀(지퍼 노루발 필요)

바느질 바늘과 실

시침핀

15×50㎝ 크기의 얇은 캔버스 천(안감용)

만드는 법

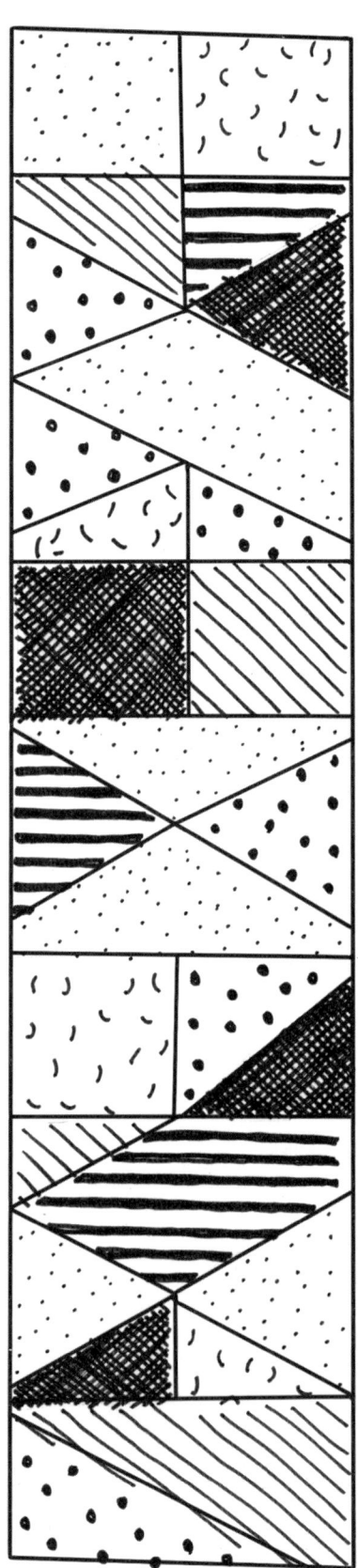

시작하기

1. 몽크스 원단을 수틀에 씌운다(자세한 설명은 14~17쪽 참조). 수틀 안쪽의 크기가 최소 20×71㎝여야 수납바구니 디자인을 배열할 수 있다. 이 작품을 만들 수 있는 큰 수틀이 없으면 작은 그리퍼 수틀에 원단을 옮겨가며 작업하면 된다.

2. 수납바구니의 도안 사본을 몽크스 원단의 뒷면에 대고 누른다.

3. 원단을 조명 위에 갖다 대고, 비치는 수납바구니 패턴을 부드러운 미술용 연필로 원단 앞면에 그대로 옮겨 그린다(자세한 방법은 20~21쪽 참조). 그림을 다 그리면 사본을 뗀다. 또는 원단에 20×71㎝ 크기의 직사각형을 그리고 패턴을 자유롭게 그려도 된다.

펀칭하기

4. 이 작품은 완성면이 자수면(앞면)이다. 먼저 원하는 색상의 실로 각 모양의 윤곽선부터 펀칭을 한 뒤, 그 안을 채운다(스티치에 대한 자세한 설명은 27~29쪽 참조).

5. 펀칭이 끝나면 스테이플 제침기를 이용하여 수틀에서 원단을 빼고, 완성된 자수면이 위쪽으로 향하도록 작업대 위에 펼쳐 놓는다.

6. 수납바구니 디자인을 따라 시접 4㎝를 남기고 원단을 자른다. 자른 가장자리에서 올이 너무 많이 풀리지 않도록 주의한다.

원통형 수납함 만드는 법 HOW TO MAKE A STORAGE POT

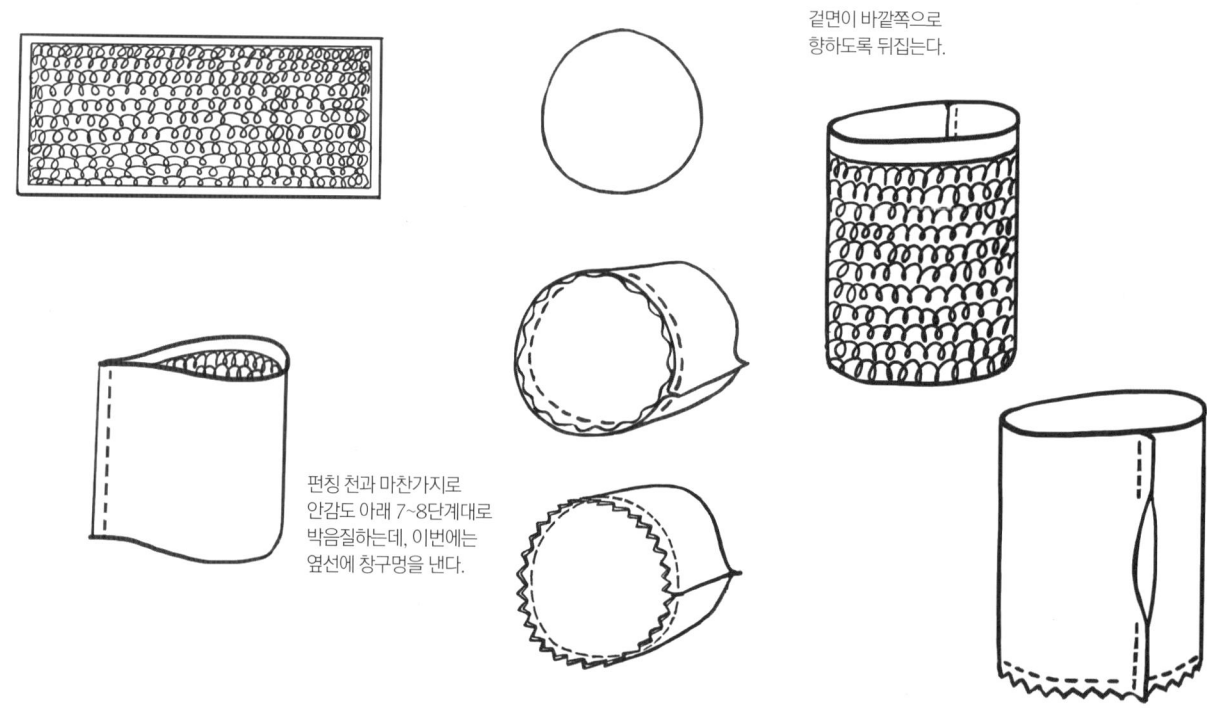

바느질하기

7. 완성한 펀칭 천에 2.5㎝의 시접을 더한 크기로 안감을 잘라둔다.

8. 다음으로 완성한 펀칭 천의 겉면이 안쪽으로 향하도록 펀칭 천의 짧은 변끼리 붙여서 원기둥 모양을 만든다. 재봉틀에 지퍼 노루발을 달고 짧은 변을 박음질하는데, 최대한 펀칭 작품의 가장자리에 가깝게 박는다. 손바느질로 연결해도 된다.

9. 원통형 펀칭 천의 아래쪽 시접과 원형 캔버스 천의 가장자리를 잘 겹쳐 시침핀을 꽂은 다음, 재봉틀에 지퍼 노루발을 달고 펀칭 부위에 최대한 가깝게 박음질한다.

10. 겹친 시접 부위에 삼각형 모양의 다트를 넣으면 모양을 잡기가 수월하다. 작업을 마치면 겉면(펀칭면)이 바깥쪽으로 나오도록 뒤집어둔다.

11. 안감도 마찬가지로 7~10단계를 반복해 원기둥을 만들고 바닥을 붙인다. 먼저 겉면이 안쪽으로 향하도록 짧은 변끼리 붙여서 시접 2.5㎝를 남기고 박음질하여 원기둥을 만드는데, 중간 부분에 약 10㎝의 창구멍을 남겨둔다. 이 원기둥 아랫부분에 시접 2.5㎝를 남기고 원형 캔버스 천을 박음질해 붙인 다음 시접 부분에 삼각형 모양의 다트를 넣는다. 단 안감은 뒤집지 않고 그대로 둔다.

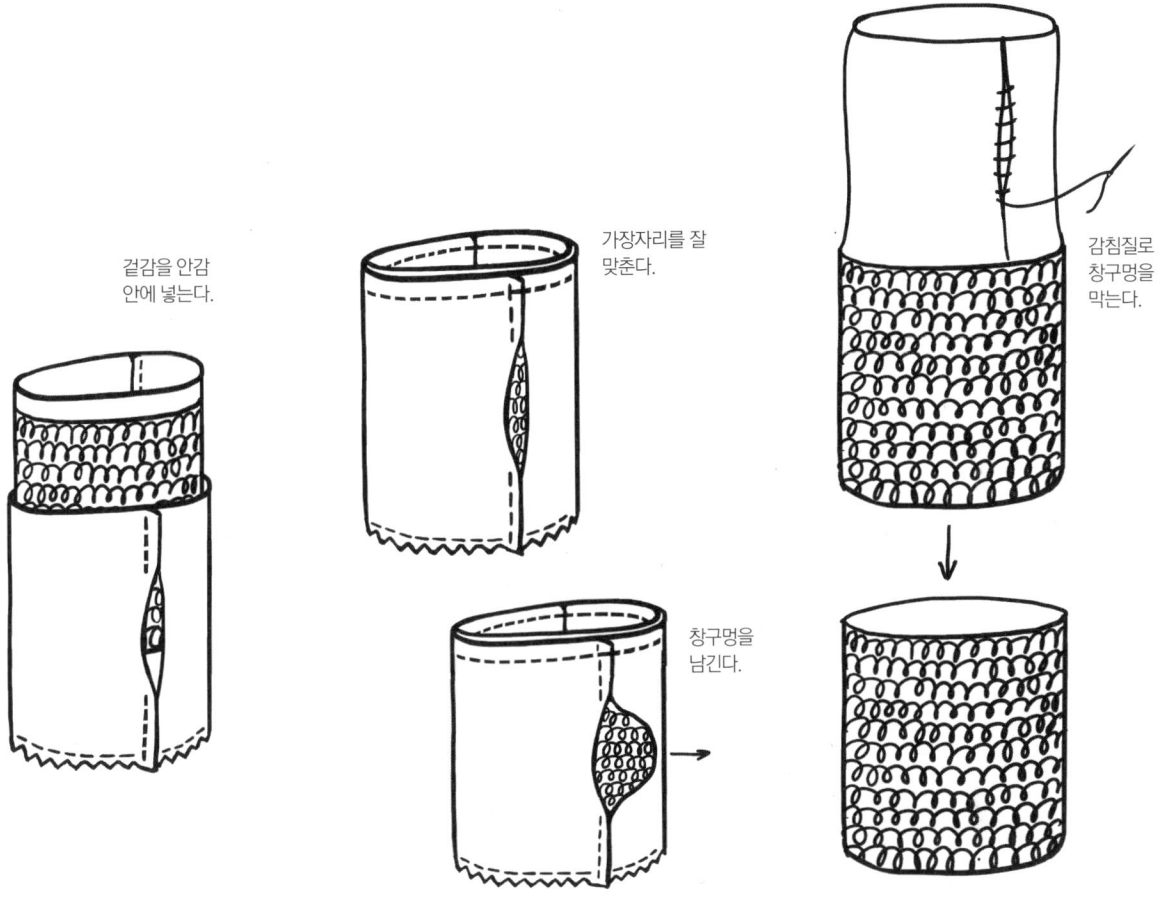

12. 겉면이 안쪽으로 향해 있는 안감 안에 겉면(펀칭면)이 바깥쪽으로 향해 있는 겉감 원기둥을 넣는다. 겉면끼리 맞닿아 있는 겉감과 안감의 상단 가장자리를 맞춘다.

13. 재봉틀에 지퍼 노루발을 장착해서 겉감과 안감의 상단 가장자리를 따라 박음질을 하는데, 펀칭 작품의 가장자리에 최대한 가깝게 박는다.

14. 창구멍을 통해 수납바구니를 겉면이 바깥쪽으로 향하도록 뒤집는다. 감침질로 창구멍을 막는다.

15. 안감을 바구니 안으로 밀어 넣고, 바닥이 편평하게 꼭 맞도록 매만진다.

화분 커버 PLANT COVER

펀칭 작품은 테이블이나 선반에 올려놓는 화분을 장식하기에도 그만이다.
이 화분 커버는 바닥없이 화분에 뒤집어씌울 수 있는 형태로 만들었다.
그래서 만들기는 물론 사용하기도 쉽고 관리하기도 편하다.
여기에서는 지름이 약 12.5cm인 화분과 화분받침에 맞는 커버를 만들었지만
더 크게 만들려면 패턴을 더 많이 반복해 넣으면 된다.

도구와 재료

몽크스 원단 안쪽 사각형의 크기가 최소 20×55cm인 수틀에 씌운다.
대형 스테이플러와 스테이플
화분 커버 도안(높이 15cm) blog.naver.com/goldentimebooks(159쪽 참조)
  에서 내려 받는다. 색상 도안은 89쪽을 참조한다.
조명
부드러운 미술용 연필
옥스퍼드 14호 미니 펀치 니들
5가지 색상의 우스티드사(14호 미니 펀치 니들에 적합) 색상별로 100g 2볼
  (펀치 니들의 사이즈가 달라지면 그에 맞는 무게의 뜨개실 사용).
  이 작품에 사용된 실의 자세한 정보는 158쪽을 참조한다.
스테이플 제침기
가위
25×60cm 크기의 얇은 캔버스 천(안감용)
시침핀
재봉틀(지퍼 노루발 필요)
바느질 바늘과 실

만드는 법

시작하기

1. 몽크스 원단을 수틀에 씌운다(자세한 설명은 14~17쪽 참조). 수틀 안쪽의 크기가 최소 20×55cm여야 화분 커버 디자인을 배열할 수 있다.

2. 화분 커버의 도안 사본을 몽크스 원단의 뒷면에 대고 누른다. 이 과정을 반복해서 15(높이)×50cm(길이) 크기의 패턴을 만든다.

3. 패턴이 원단에 잘 비칠 수 있도록 원단을 조명 위에 갖다 댄다. 부드러운 미술용 연필로 커버 디자인을 원단 앞면에 그대로 옮겨 그린다(자세한 방법은 20~21쪽 참조).

4. 그림을 다 그리면 원단에서 사본을 뗀다.

펀칭하기

5. 이 작품은 완성면이 파일면, 그러니까 펀칭을 하는 면의 반대면이다.

6. 모든 재료를 늘어놓을 수 있는 널찍한 작업대에 필요한 뜨개실을 배열해 놓는다. 이제 펀칭을 시작한다. 선택한 색상의 실로 먼저 각 모양의 윤곽선부터 펀칭을 한 뒤, 그 안을 채운다(스티치에 대한 자세한 설명은 27~29쪽 참조).

7. 펀칭이 끝나면 스테이플 제침기를 이용하여 수틀에서 원단을 빼고, 완성된 파일면이 위쪽으로 향하도록 작업대 위에 펼쳐 놓는다.

8. 화분 커버 디자인을 따라 시접 4cm를 남기고 원단을 자른다. 자른 가장자리에서 올이 너무 많이 풀리지 않도록 주의한다.

화분 커버 만드는 법 HOW TO MAKE A PLANT COVER

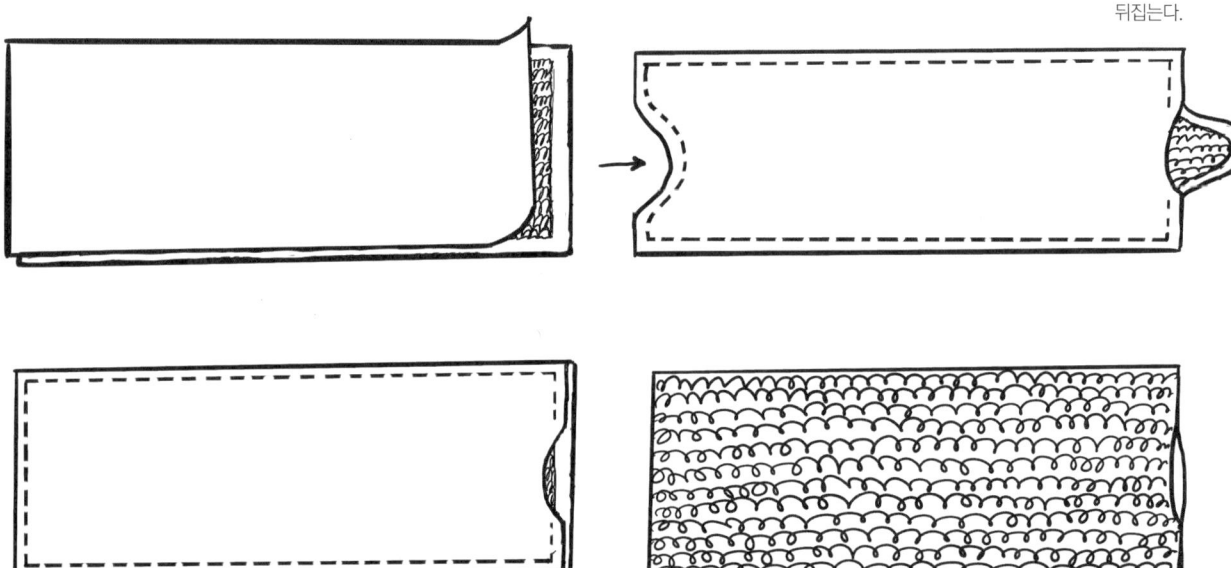

뒤집는다.

한쪽 끝에 창구멍을 남긴다.

감침질로 창구멍을 막는다.

바느질하기

9. 완성한 펀칭 천에 시접을 더한 크기로 안감을 잘라둔다.

10. 캔버스 천 안감과 펀칭 천을 겉면끼리 맞대어 가장자리를 맞춘다. 펀칭면이 위쪽으로 향하도록 하여 시침핀을 꽂는다. 재봉틀에 지퍼 노루발을 장착해서 펀칭 스티치의 가장자리에 최대한 가깝게 박음질을 한다. 단, 짧은 변 중간에 10cm의 창구멍을 남긴다.

11. 창구멍을 통해 겉면이 바깥쪽으로 향하도록 뒤집는다. 창구멍의 양끝과 가운뎃부분을 두 땀씩 감침질하여 창구멍을 작은 2개의 구멍으로 만든다. 아니면 창구멍 전체를 감침질해 완전히 막아도 된다.

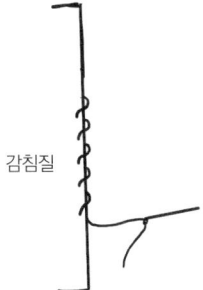

감침질

완성되면 겉면이 바깥쪽으로 향하도록 뒤집는다.

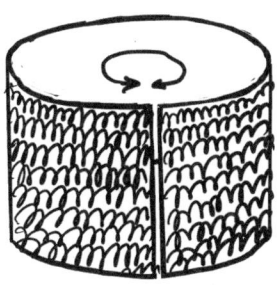

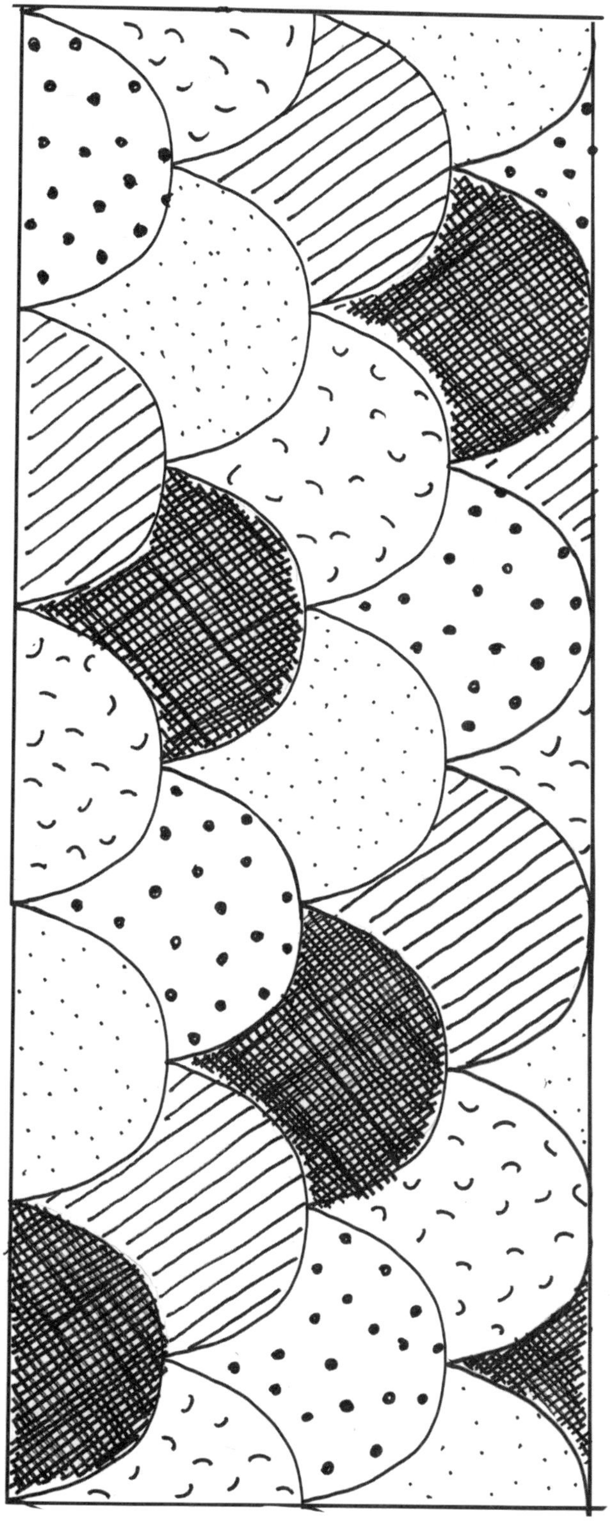

12. 마지막으로 펀칭을 한 파일면이 안쪽으로 향하도록 짧은 변끼리 붙여서 원기둥 모양을 만든다.

13. 손바느질로 짧은 변을 꿰매어 연결한다. 이제 화분 커버가 완성되었다. 파일면이 바깥쪽으로 향하도록 커버를 뒤집어서 화분에 씌운다.

화분 커버

블랭킷/무릎담요 BLANKET/THROW

이 작품은 크다는 느낌이 들 수도 있지만 실제로는 만들기가 아주 쉽다.
블랭킷 전체에 작은 모티브(작은 원과 반원)를 반복 사용한 패턴이기 때문에,
까다로운 공정이나 많은 시간을 들이지 않고도 큰 시각적 효과를 거둘 수 있다.
이 디자인을 그대로 따르는 대신 모티브를 좀 더 자유롭게 배열하면
배치와 색상 면에서 더 흥미로운 결과를 기대할 수 있다.

도구와 재료

양모 블랭킷 약 117×142cm

원모양의 도안 24개(지름 약 5cm) blog.naver.com/goldentimebooks(159쪽 참조)에서 내려 받는다. 그중 12개는 반원으로 자른다. 색상 도안은 95쪽을 참조한다.

작은 자수틀

부드러운 미술용 연필 또는 기화성 패브릭 마커 또는 초크

큰 사이즈 울트라 펀치 니들 세트(파일 높이 5호)

5~6가지 색상의 자수실 또는 4겹 핑거링사(펀치 니들의 사이즈가 달라지면 그에 맞는 무게의 뜨개실 사용). 이 작품에 사용된 실의 자세한 정보는 158쪽을 참조한다.

가위

열접착심지

만드는 법

시작하기

1. 이 작품은 완성면이 파일면(뒷면), 그러니까 펀칭을 하는 면의 반대면이다. 자수면(또는 앞면)을 블랭킷의 뒷면으로 하면 파일면의 스티치 높이를 조절하여 질감을 더 살릴 수 있다.

2. 널찍한 작업대에서 블랭킷을 겉면이 아래쪽을 향하도록 펼쳐놓고 작업한다.

3. 원과 반원의 종이 도안을 블랭킷 곳곳에 20~25cm 정도의 간격을 두고, 자유롭게 배열한다. 눈에 띄게 반복적인 패턴은 피하도록 한다.

4. 도안의 위치를 조정해서 블랭킷 전체에 만족스럽게 배열한다.

5. 부드러운 미술용 연필로 도안의 윤곽선을 흐리게 따라 그린다. 바탕이 되는 블랭킷이 짙은 색이면 흰색 패브릭 연필이나 초크로 그린다. 디자인을 다 옮겨 그린 뒤에는 종이 도안을 치운다.

6. 골라놓은 뜨개실을 작업대에 늘어놓는다. 블랭킷에서 펀칭을 할 부분을 원 또는 반원의 모티브가 중앙에 오도록 자수틀에 팽팽하게 끼운다(자세한 설명은 14~17쪽 참조).

펀칭하기

7. 이제 펀칭을 시작한다. 먼저 원하는 색상의 실로 각 모양의 윤곽선부터 펀칭을 한 뒤, 그 안을 채운다(스티치에 대한 자세한 설명은 27~29쪽 참조). 블랭킷을 자수틀에서 빼고 다음 모양이 있는 부분을 다시 자수틀에 끼운다.

8. 인접한 두 원 또는 반원을 같은 색으로 펀칭하지 않도록 한다. 색상을 다양하게 배치하도록 노력한다.

완성하기

9. 블랭킷을 마무리하기 위해, 열접착심지를 모티브보다 약간 크게 원과 반원으로 자른다.

10. 블랭킷의 뒷면에서 각 모티브의 자수면에 접착심지를 놓고 다리미로 다려서 접착시킨다. 이렇게 하면 시간이 흘러도 펀칭을 한 원이 느슨해지지 않는다.

러그 RUG

이번에는 좀 더 전통적인 러그 후킹 기법을 사용해보자. 이 작품은 삼각형 패턴이 특징인데, 크기나 모양에 상관없이 모든 러그에 적용할 수 있다.
이 패턴은 기하학적인 격자무늬가 기본 원리지만 전혀 반복적으로 보이지 않는다. 선을 손으로 그리면 약간 변화를 줄 수 있고, 다양한 색상과 여러 가지 뜨개실을 사용하면 좀 더 자연스럽게 느껴질 것이다. 풍부한 표현력을 발휘해서 빈티지 느낌은 물론 현대적인 감각까지 살린 러그를 만들어보자.

도구와 재료

러스틱 리넨 안쪽 사각형의 크기가 최소 60×90cm에 시접 7.5cm를 더한 크기 또는 75×105cm 크기의 러스틱 리넨을 작은 그리퍼 수틀이나 큰 자수틀에 씌우고, 각 부분을 끝내면 원단을 옮겨가며 작업한다.

러그 도안(60×90cm) blog.naver.com/goldentimebooks(159쪽 참조)에서 내려 받는다. 색상 도안은 99쪽을 참조한다.

부드러운 미술용 연필

미디엄 러그 후크

다양한 색상의 벌키사, 펠티드 울 끈(폭 6mm로 자른 끈, 옵션) 이 작품에 사용된 실의 자세한 정보는 158쪽을 참조한다.

가위

바느질 바늘과 실

액상 라텍스 접착제(옵션)

미끄럼방지 뒤판(옵션) 러그의 밑면 전체를 덮을 수 있을 정도의 크기

만드는 법

시작하기

1. 리넨을 수틀에 씌운 상태로 또는 씌우지 않은 상태로 작업대에 펼쳐 놓는다.

2. 러그 도안(99쪽)을 참조하여, 부드러운 미술용 연필로 원단에 디자인을 자유롭게 그린다. 이 작품에서는 아주 정확하게 그리지 않아도 된다. 이 책에 소개된 러그는 60×90㎝ 크기지만 이 디자인을 원하는 크기로 확대해도 좋다.

3. 가능한 한 다양한 색상과 톤의 러그용 뜨개실(치밀하고 질긴 벌키실)을 준비한다. 없다면 이용할 수 있는 실로 대체한다. 양모 원단을 너비 6㎜의 끈 형태로 잘라 써도 된다. 아니면 중고매장에서 양모 스웨터를 구입해 뜨거운 물에 세탁하면 조직이 축소되고 엉겨 붙어 펠트 형태가 되는데, 이것을 끈 형태로 잘라서 사용해도 된다.

4. 사용할 실을 고른 후에는 색상 배열을 구상한다. 어느 정도 자유롭게 배열하되, 삼각형마다 맞붙은 삼각형들과 대비되도록 색상을 고른다. 보색, 명암을 고려하고, 밝은 색과 짙은 색을 번갈아가며 사용한다. 베리에이션사(얼룩실)를 포함해도 좋다. 또한 각 삼각형은 전반적으로 단색이지만 삼각형 안에 간간이 다른 색을 더해 얼룩덜룩한 느낌을 내도 괜찮다.

5. 러그 전체로 쓸 원단을 하나의 수틀에 끼우면 이제 후킹할 준비가 다 된 것이다. 그리퍼 수틀이나 큰 자수틀을 사용할 경우, 러그 디자인의 일부를 수틀에 최대한 팽팽하게 씌우고 각 부분을 끝내면 원단을 옮겨가며 작업한다.

후킹하기

6. 모든 재료를 펼쳐 놓을 수 있는 널찍한 작업대에서 각 부분의 후킹을 시작한다. 먼저 뜨개질을 할 때처럼 수틀 아래에서 실을 직접 잡는다. 원단의 앞면에서 러그 후킹 도구를 찌르고 아랫면에서 실을 걸어 앞면으로 끌어 당겨서 고리를 만든다. 펀치 니들을 사용할 때처럼 세 칸 간격으로 후킹한다.

7. 각 삼각형의 윤곽선부터 후킹하고, 특정 스티치 패턴 없이 그 안을 채워서 각 부분을 완성한다(스티치에 대한 자세한 설명은 27~29쪽 참조).

8. 수틀에서 후킹 작업한 원단을 분리해 평평하게 펼쳐놓는다.

9. 작품 가장자리를 따라 시접 8㎝를 남기고 원단을 자른다.

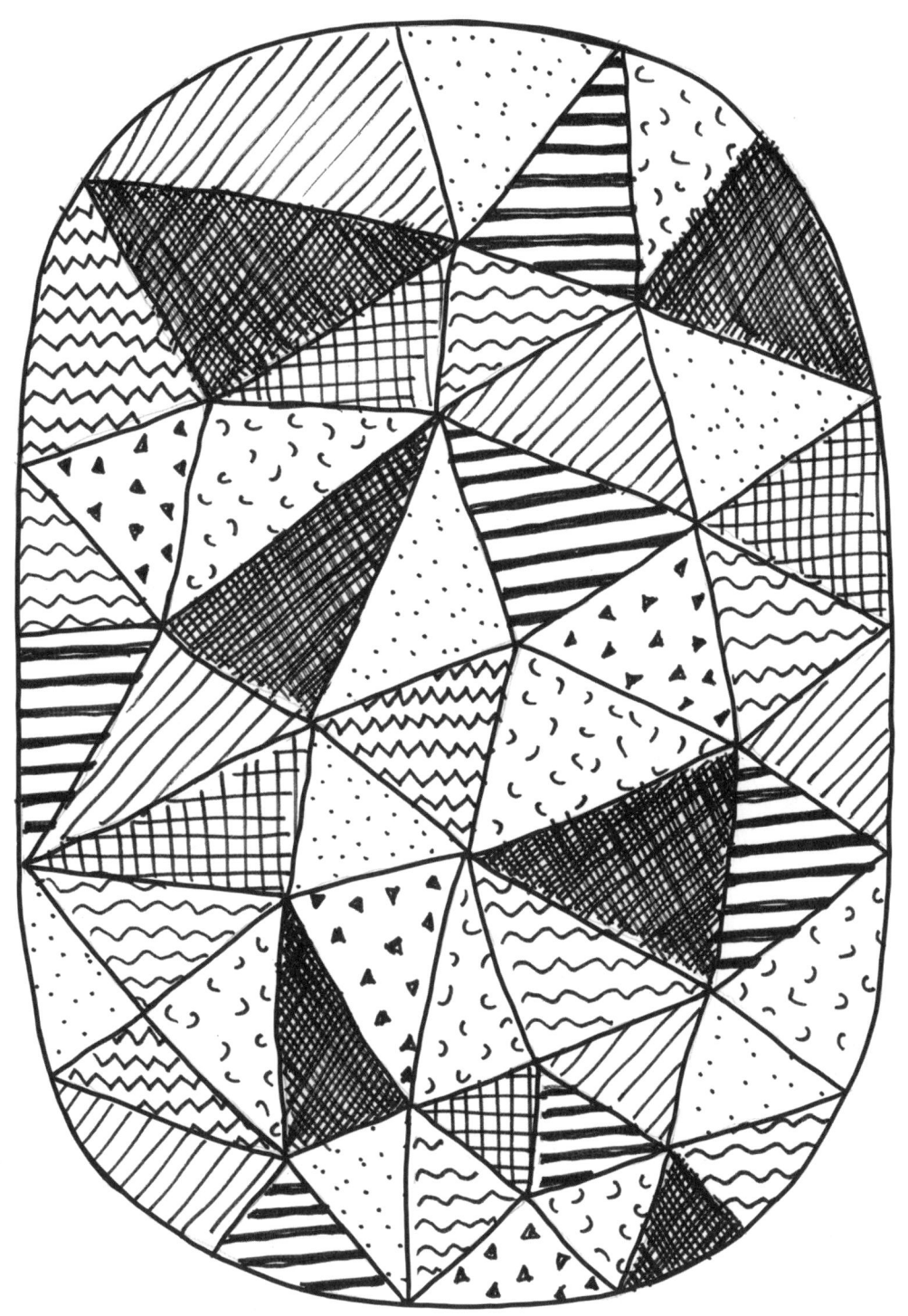

테두리 만드는 법 HOW TO ADD AN EDGING

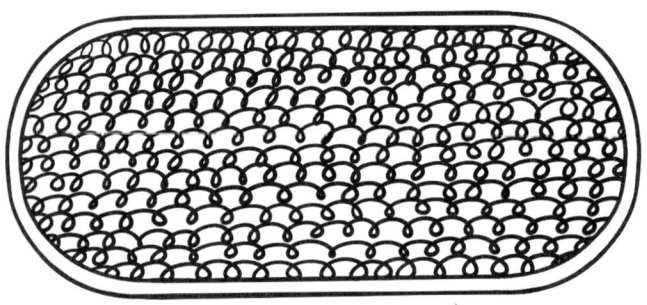

시접을 남기고 가장자리를 자른다.

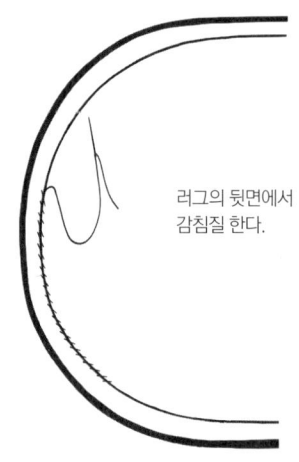

러그의 뒷면에서 감침질 한다.

시접 부분을 아랫면으로 말아서 밀착시킨다.

바느질하기

10. 시접을 뒷면 쪽으로 최대한 파일의 가장자리에 가깝게 접어서 원단이 앞에서 보이지 않게 한다. 이때 곡선을 잘 살리는 데 유의하면서 단을 두 번 접는다.

11. 바느질 바늘에 실을 꿰어 단의 안쪽 가장자리를 따라 감침질한다. 밑면의 뜨개실은 보이는 상태다.

12. 추가로 미끄럼방지 뒤판을 구입하여 덧댈 수 있다. 뒤판은 러그 모양보다 아주 약간만 작게 잘라 러그 아랫면에 붙인다.

쿠션
CUSHIONS

나뭇잎 쿠션 LEAF CUSHION

모티브를 활용한 재미있는 디자인의 쿠션은 어떤 실내 공간에서든 눈에 띄는 포인트가 된다. 식물이나 동물을 모티브로 하든, 아니면 상상하는 어떠한 모양을 선택하든 이 쿠션은 누구에게나 훌륭한 기념품이 될 것이다. 나는 작은 쿠션도 조각품 못지않게 아름다울 수 있다는 점을 보여주고자, 나뭇잎을 모티브로 모던한 디자인의 쿠션을 만들어 보았다.

도구와 재료

몽크스 원단 안쪽 사각형의 크기가 최소 46×35.5cm인 자수틀에 씌운다.

대형 스테이플러와 스테이플

나뭇잎 쿠션 도안(높이 42cm) blog.naver.com/goldentimebooks(159쪽 참조)에서 내려 받는다. 색상 도안은 106쪽을 참조한다.

조명

부드러운 미술용 연필

옥스퍼드 14호 미니 펀치 니들

5가지 색상의 우스티드사(14호 미니 펀치 니들에 적합) 색상별로 100g 2볼(펀치 니들의 사이즈가 달라지면 그에 맞는 무게의 뜨개실 사용). 이 작품에 사용된 실의 자세한 정보는 158쪽을 참조한다.

스테이플 제침기

가위

55×55cm 크기의 원하는 색 모슬린(뒤판용, 크기에 맞추어 자르는 법은 만드는 법 참조)

시침핀

재봉틀(지퍼 노루발 필요)

바느질 바늘과 실

내연성 폴리에스테르솜 또는 천연 양모솜 쿠션솜

만드는 법

시작하기

1. 몽크스 원단을 수틀에 씌운다(자세한 설명은 14~17쪽 참조). 수틀의 크기가 최소 46×35.5cm여야 나뭇잎 모양의 쿠션 디자인을 배열할 수 있다.

2. 나뭇잎 모양의 쿠션 도안 사본을 몽크스 원단의 뒷면에 대고 누른다. 패턴의 선이 원단에 잘 비칠 수 있도록 원단을 조명 위에 갖다 댄다. 부드러운 미술용 연필로 쿠션 모티브의 이미지를 원단 앞면에 그대로 옮겨 그린다(자세한 방법은 20~21쪽 참조).

3. 디자인을 다 옮겨 그리면 원단에서 사본을 뗀다.

4. 이 작품은 완성면이 자수면(또는 앞면), 그러니까 펀칭을 하는 면이다. 앞면에서는 자수 스티치의 방향이 눈에 더 잘 띄기 때문에 펀칭을 시작할 때 이 점을 유념해야 한다. 시작하기 전에 스티치 패턴을 결정하고 펀칭을 하는 내내 그대로 일관성 있게 해야 한다(스티치에 대한 자세한 설명은 27~29쪽 참조).

펀칭하기

5. 모든 재료를 늘어놓을 수 있는 널찍한 작업대에 필요한 뜨개실을 배열해 놓는다. 실은 많은 색이 필요 없으며 명암을 달리하는 몇 가지 색상만 있으면 된다. 나는 따뜻한 녹색(웜 그린)을 사용했지만 다른 색상, 특별히 나뭇잎 색처럼 보이지 않는 색도 괜찮다. 하지만 최소 한 가지의 강조색(이를테면 노란색)을 꼭 포함시키도록 한다. 다른 색에 비해 약간 다른 강조색이 있으면 쿠션이 시각적으로 한층 흥미롭고 현대적으로 보인다.

6. 이제 펀칭을 시작한다. 먼저 원하는 색상의 실로 윤곽선부터 펀칭을 한 뒤, 그 안을 채운다.

7. 나뭇잎 안의 모든 색상 부분에서 이 과정을 반복한다. 각 색상은 주변 색상과 대조되도록 배열한다.

8. 모티브의 모든 부분을 펀칭한 뒤에, 스테이플 제침기를 이용하여 수틀에서 작업한 천을 빼내어, 자수면이 위쪽으로 향하도록 작업대 위에 펼쳐 놓는다.

간단한 쿠션 커버 만드는 법 HOW TO MAKE SIMPLE CUSHION COVER

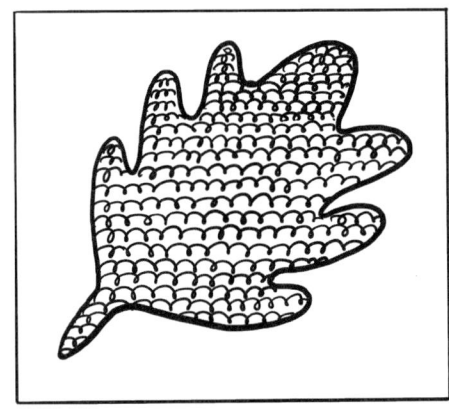

시접을 포함하여 쿠션의 모양대로 자른다.

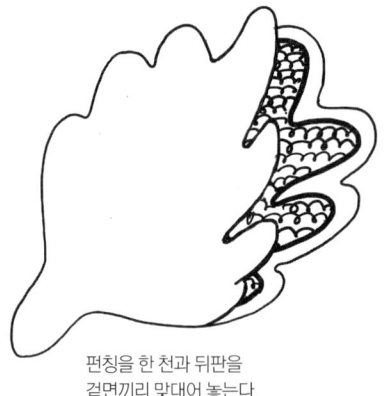

펀칭을 한 천과 뒤판을 겉면끼리 맞대어 놓는다.

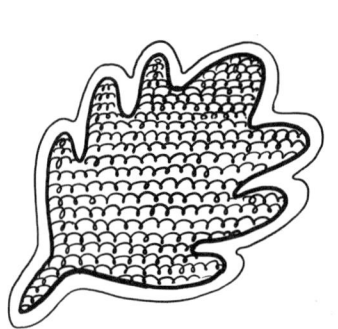

쿠션을 뒤집고 가장자리를 따라 박음질을 하는데 창구멍을 남긴다.

바느질하기

9. 나뭇잎 모양의 디자인을 따라 시접 4㎝를 남기고 원단을 자른다. 가장자리의 올이 너무 풀어지지 않도록 주의한다.

10. 쿠션 뒤판용으로, 완성된 펀칭 천과 같은 크기(시접 포함)로 모슬린 원단을 자른다.

11. 뒤판(모슬린)과 펀칭 천을 겉면끼리 맞대고 가장자리를 잘 맞추어 시침핀을 꽂는다. 재봉틀에 지퍼 노루발을 장착해서, 펀칭 스티치에 최대한 가깝게 박음질을 하고, 10㎝의 창구멍을 남긴다.

시접에 주의해서 가윗밥을 넣는다.

구석구석 꼼꼼하게 솜을 넣는다.

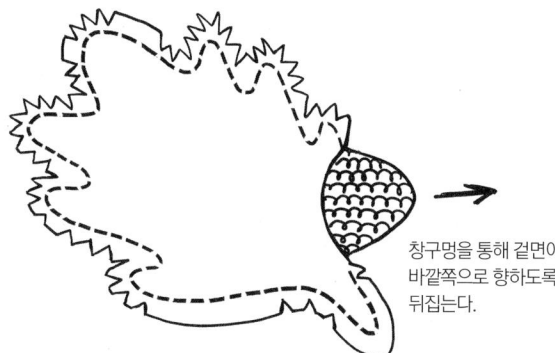

창구멍을 통해 겉면이 바깥쪽으로 향하도록 뒤집는다.

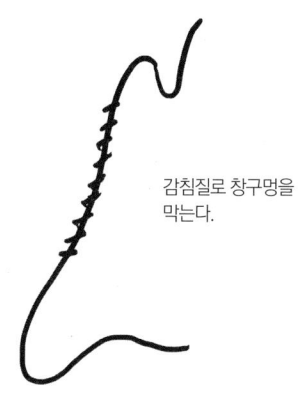

감침질로 창구멍을 막는다.

12. 쿠션이 전체적으로 곡선이기 때문에 곡선 시접에서는 작게 가윗밥(바늘땀까지 베지 않도록 주의한다)을 넣어야 겉면이 바깥쪽으로 향하도록 뒤집었을 때 솔기가 매끄럽다.

13. 이제 겉면이 바깥쪽으로 향하도록 창구멍을 통해 쿠션을 뒤집는다.

14. 창구멍을 통해 내연성 폴리에스테르솜 또는 천연 양모솜을 쿠션에 넣는다.

15. 솜을 충분히 채운 뒤 감침질로 창구멍을 막는다.

꽃무늬 원형 쿠션 FLORAL ROUND CUSHION

쿠션을 비롯해 모양이 둥근 장식품에는 시대를 초월한 무언가가 있다.
흔한 사각형 쿠션들 사이에 자리한 원형 쿠션은 그 자체로 근사하게 돋보인다.
둥근 모양을 강조하는 꽃무늬 디자인에 유쾌하고 화사한 색상이라
가정용 소품으로 더할 나위 없이 좋다.

도구와 재료

몽크스 원단 안쪽 사각형의 크기가 최소 38×38cm인 수틀에 씌운다.
대형 스테이플러와 스테이플
꽃무늬 원형 쿠션 도안(지름 35cm) blog.naver.com/goldentimebooks
 (159쪽 참조)에서 의 크기로 내려 받는다. 색상 도안은 112쪽을 참조한다.
조명
부드러운 미술용 연필
옥스퍼드 14호 미니 펀치 니들
7~8가지 색상의 우스티드사(14호 미니 펀치 니들에 적합) 세부 묘사는
 색상별로 100g 2볼, 배경색은 100g 2~3볼(펀치 니들의 사이즈가
 달라지면 그에 맞는 무게의 뜨개실 사용). 이 작품에 사용된 실의 자세한
 정보는 158쪽을 참조한다.
스테이플 제침기
가위
지름 46cm 원형의 캔버스 천(뒤판용, 원하는 색상) 펀칭을 한 앞판 크기에 맞춰
 자르는 법은 뒤쪽 '만드는 법'을 참조한다.
시침핀
재봉틀(지퍼 노루발 필요)
바느질 바늘과 실
내연성 폴리에스테르솜 또는 천연 양모솜 쿠션솜

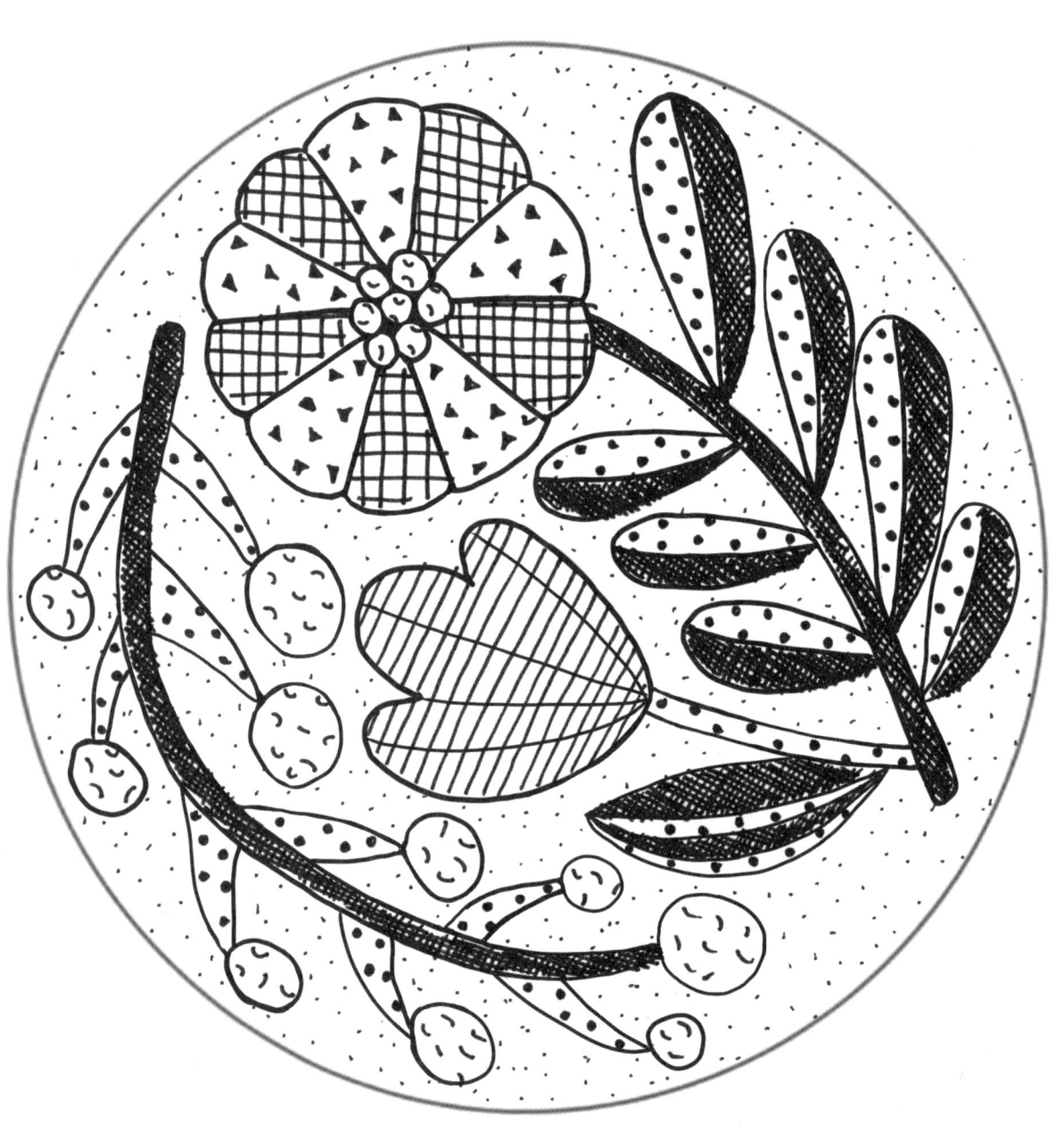

만드는 법

시작하기

1. 몽크스 원단을 수틀에 씌운다(자세한 설명은 14~17쪽 참조). 수틀의 크기가 최소 38×38cm여야 원형 쿠션 디자인을 배열할 수 있다.

2. 원형 쿠션 도안 사본을 몽크스 원단의 뒷면에 대고 누른다. 패턴의 선이 원단에 잘 비칠 수 있도록 원단을 조명 위에 갖다 댄다.

3. 부드러운 미술용 연필로 쿠션 모티브의 이미지를 원단 앞면에 그대로 옮겨 그린다.

4. 이 작품은 완성면이 파일면(뒷면), 그러니까 펀칭을 하는 면의 반대면이다.

펀칭하기

5. 이제 펀칭을 시작한다. 먼저 원하는 색상의 실로 뒷면에서 잎, 줄기, 꽃 등 모티브 각 요소의 윤곽선부터 펀칭을 한다.

6. 다음으로 각 윤곽선의 안을 채운다(스티치에 대한 자세한 설명은 27~29쪽 참조). 모티브의 각 부분을 다 채운 다음 배경 펀칭을 시작한다. 쿠션의 가장자리를 깔끔하게 처리할 수 있도록 원형 디자인의 외곽선까지 꼼꼼히 펀칭한다.

7. 모티브의 모든 부분과 배경을 채웠으면 스테이플 제침기를 이용하여 수틀에서 작업한 천을 빼고, 파일면이 위쪽으로 향하도록 작업대 위에 펼쳐 놓는다.

바느질하기

8. 108~109쪽의 나뭇잎 쿠션 바느질하기 그림을 참조한다. 원형 쿠션의 디자인을 따라 시접 4cm를 남기고 원단을 자른다. 가장자리의 올이 너무 풀어지지 않도록 주의한다.

9. 쿠션 뒤판용으로, 펀칭 천과 같은 크기(시접 포함)로 캔버스 원단을 자른다.

10. 뒤판(캔버스 천)과 펀칭한 천을 면끼리 맞대고 가장자리를 잘 맞추어 시침핀을 꽂는다. 지퍼 노루발을 장착한 재봉틀로 펀칭 스티치에 최대한 가깝게 박음질하고 10cm 정도 창구멍을 남긴다.

11. 쿠션의 전체 모양이 곡선이기 때문에 곡선 시접에서 작게 가윗밥(바늘땀까지 베지 않도록 주의한다)을 넣어야 겉면이 바깥쪽으로 향하도록 뒤집었을 때 솔기가 매끄럽다.

12. 이제 겉면이 바깥쪽으로 향하도록 창구멍을 통해 쿠션을 뒤집는다.

13. 창구멍을 통해 내연성 폴리에스테르솜 또는 천연 양모솜을 넣는다.

14. 솜을 충분히 채운 뒤 감침질로 창구멍을 막는다.

스툴 커버 STOOL TOP

의자나 스툴의 커버를 만들 때 러그 후킹과 펀칭을 자주 사용한다.
따뜻함, 안락함, 장식 요소 등 펀치 니들의 모든 특징을 제대로 구현할 수 있기 때문이다.
깔끔한 기하학 패턴의 가구는 공간을 아름답고 모던하게 가꾸어주면서
유용하기까지 하다. 이 작은 스툴이 하나의 예술품도 될 수 있는 것이다.

도구와 재료

몽크스 원단 스툴 좌판보다 지름이 5cm 큰 원이 들어갈 수 있는 자수틀에 씌운다.

대형 스테이플러와 스테이플

스툴 커버 도안(지름 34.7cm) blog.naver.com/goldentimebooks(159쪽 참조)에서 내려 받는다. 이때, 합판에 고정된 커버를 만들 경우에는 스툴 좌판보다 지름이 1.25cm 큰 사이즈, 스툴 위에 얹는 쿠션 패드를 만들 경우에는 스툴 좌판보다 지름이 1.25cm 작은 사이즈의 도안이 필요하다. 색상 도안은 118~119쪽을 참조한다.

조명

부드러운 미술용 연필

옥스퍼드 10호 레귤러 펀치 니들

6가지 색상의 벌키사(10호 레귤러 펀치 니들에 적합) 색상별로 100g 1~2볼 (펀치 니들의 사이즈가 달라지면 그에 맞는 무게의 뜨개실 사용). 이 작품에 사용된 실의 자세한 정보는 158쪽을 참조한다.

스테이플 제침기

가위

좌판이 원형인 나무 스툴

두께 1.25mm의 합판 스툴 좌판보다 지름이 6mm 작은 원으로 잘라서 둘레를 사포로 문지른다.

목공용 접착제(옵션)

드릴, 드릴비트, 나사못

불독 클립 또는 빨래집게(옵션)

돗바늘(옵션)

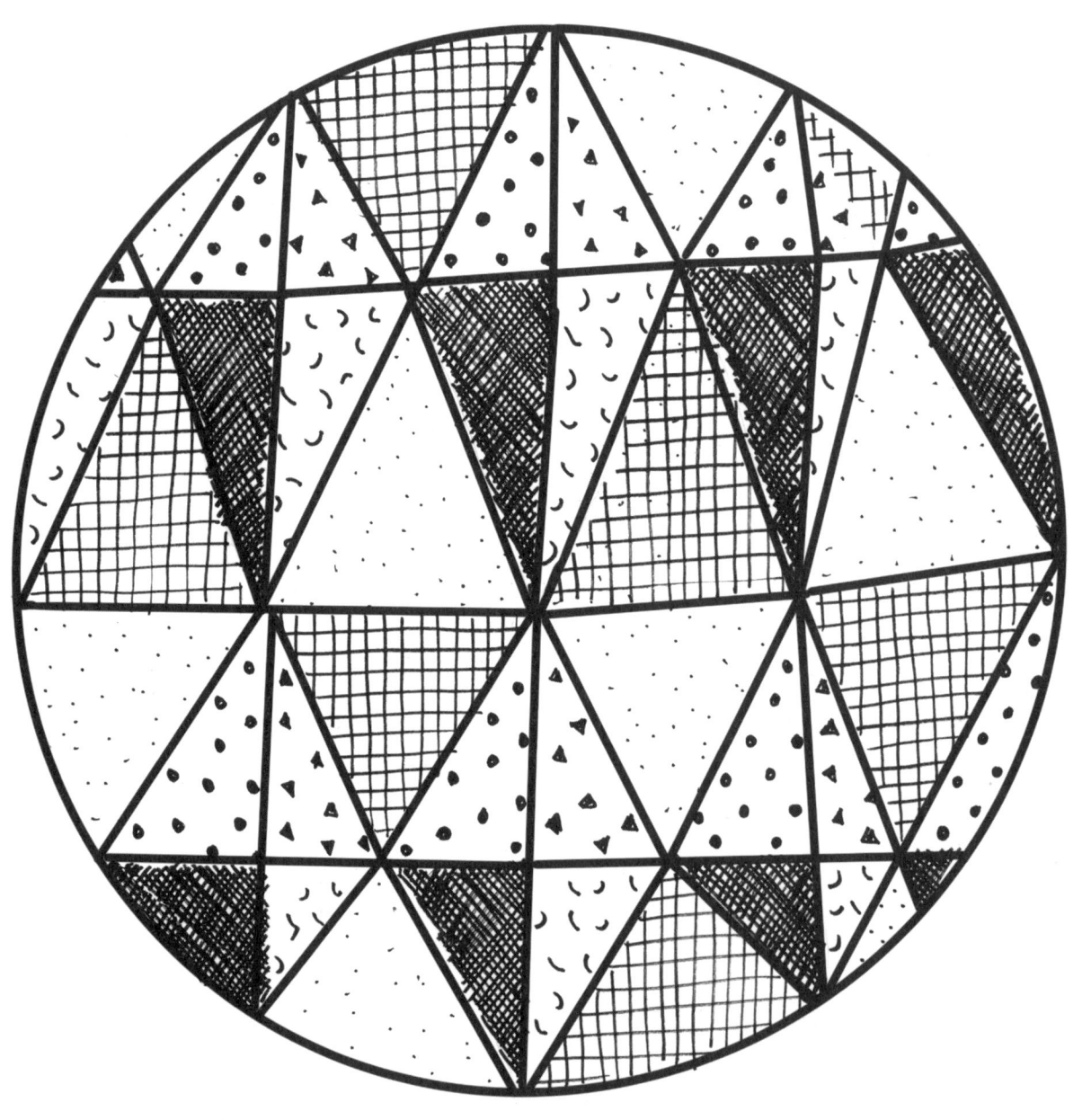

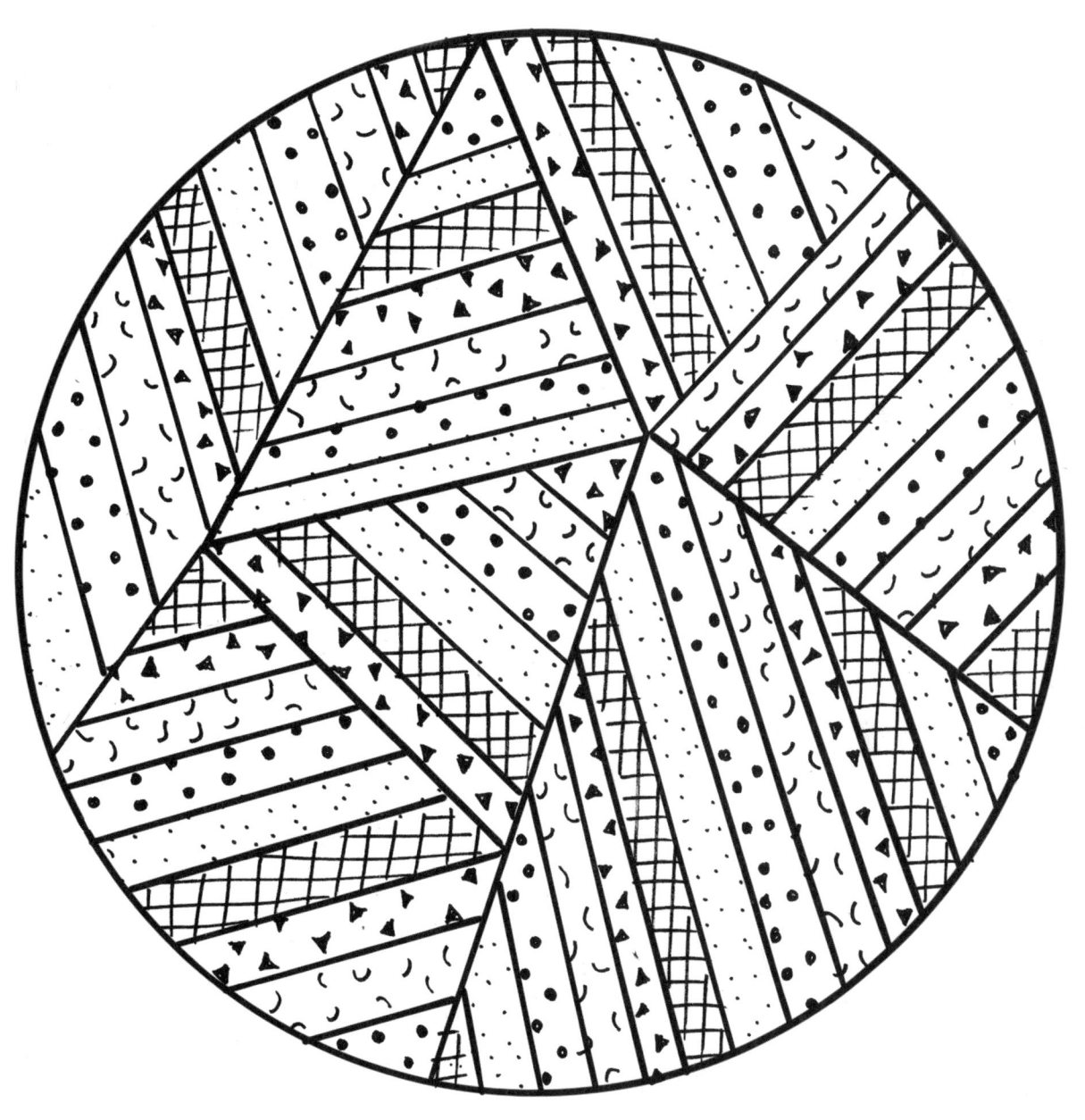

만드는 법

시작하기

1. 몽크스 원단을 수틀에 끼운다(자세한 설명은 14~17쪽 참조). 수틀이 스툴 좌판보다 지름 5cm가 큰 원이 들어갈 수 있는 크기여야 스툴 좌판 디자인 전체를 고정할 수 있다.

2. 도안 사본을 몽크스 원단의 뒷면에 대고 누른다. 패턴의 선이 원단에 잘 비칠 수 있도록 원단을 조명 위에 갖다 댄다. 부드러운 미술용 연필로 스툴 좌판 디자인의 이미지를 원단 앞면에 그대로 옮겨 그린다. 그림을 다 그리면 사본을 뗀다.

3. 이 작품은 완성면이 파일면(뒷면), 그러니까 펀칭을 하는 면의 반대면이다. 자수면(또는 앞면)을 좌판 커버의 밑면으로 하면 좌판 커버를 스툴 위에 편평하게 올려놓을 수 있다.

펀칭하기

4. 이제 펀칭을 시작한다. 원하는 색상의 실로 각 모양의 윤곽선부터 펀칭을 한 뒤 그 안을 채운다(스티치에 대한 자세한 설명은 27~29쪽 참조).

5. 펀칭이 끝나면 스테이플 제침기를 이용하여 수틀에서 작업한 천을 빼고, 파일면이 위쪽으로 향하도록 작업대 위에 펼쳐 놓는다.

만들기

6. 좌판 커버를 스툴에 고정하기 위해, 좌판 커버 디자인을 따라 시접 5cm를 남기고 작업한 천을 자른다. 자른 가장자리에서 올이 너무 많이 풀리지 않도록 주의한다.

7. 펀칭을 한 좌판 커버를 겉면이 아래쪽으로 향하도록 작업대에 놓고, 준비해둔 원형 합판을 그 위에 잘 맞추어 놓는다. 펀칭을 한 좌판 커버가 원형 합판보다 1.25cm 커야 한다.

8. 좌판 커버 위에 중심을 맞추어 놓은 합판을 잡고, 좌판 커버의 파일이 합판의 옆면을 덮도록 시접으로 합판을 감싼다. 하지만 파일이 합판의 뒷면으로 넘어가면 좌판 커버의 가장자리가 깔끔하지 않게 되므로 주의한다.

9. 필요하면 좌판 커버를 조금씩 잡아당기면서 스테이플러로 시접을 합판에 고정한다.

10. 계속해서 시접으로 합판을 감싸면서 스테이플로 고정하여 좌석 커버를 안전하게 고정한다.

11. 목공용 접착제를 사용하여 완성된 좌판을 스툴 상단에 붙인 뒤, 접착제가 완전히 마를 때까지 그 위에 무거운 물건을 올려놓는다. 아니면 스툴 좌판에 미리 드릴로 구멍을 뚫고, 스툴의 밑에서 나사못을 꽂고 돌려서 좌판을 고정한다.

12. 펀칭을 한 좌판 커버를 분리형 좌판 패드로 만들 수도 있다. 이 도안으로 스툴 버커 패턴을 만들려면 스툴 상단의 지름보다 1.25㎝ 작은 크기의 도안 사본을 준비한다.

13. 펀치 니들 디자인이 완성되면 스테이플 제침기를 이용하여 수틀에서 작업한 천을 빼고, 파일면이 위쪽으로 향하도록 작업대 위에 펼쳐 놓는다. 좌판 커버 디자인을 따라 시접 4㎝를 남기고 원단을 자른다. 자른 가장자리에서 올이 너무 많이 풀리지 않도록 주의한다.

14. 펀칭을 한 파일 쪽으로 시접을 말아 올린 뒤, 불독 클립이나 빨래집게로 집어 놓는다(76쪽의 냄비받침에서 테두리 만드는 법 참조).

15. 말아 올린 테두리 위에서 벌키사를 펜 돗바늘로 감침질을 한다. 이때 원단이 보이지 않도록 최대한 파일 가장자리에 가깝게 감친다.

16. 시작 부분에서 실 끝이 풀리지 않게 하기 위해, 말아 올린 테두리에 바느질하는 방향으로 실 끝을 짧게 놓고 그 위로 감침질을 한다.

17. 계속 감침질을 하는데, 스티치 간격을 최대한 좁게 해 테두리를 단단하게 만들어나간다. 클립이나 빨래집게의 위치를 옮겨 가면서 감침질한다. 감침질하는 실을 다 썼으면 실의 끝부분을 작업한 부위 안쪽으로 넣어 실 끝이 풀어지지 않게 한다. 새 실을 꿰어 감침질을 이어가 전체 테두리를 완성한다.

주의
두 번째 형태의 좌판 커버는 72쪽의 냄비받침과 똑같이 만들고, 테두리 방법도 똑같다. 이렇게 만들면 분리형 패드 형태로 편하게 쓸 수 있을 것이다. 스툴에 고정하려면 벨크로를 붙여 사용한다.

정물화 쿠션 STILL LIFE SQUARE CUSHION

쿠션 같은 인테리어 소품은 내가 펀치 니들로 즐겨 만드는 아이템이다.
이 쿠션은 예쁜 꽃 모티브를 이용해 실내에 색감을 더하고 사람들의 시선을 끌 수 있도록 디자인했다. 이 작품은 43×43cm 크기의 정사각형으로 앞판을 자수로 장식하고,
뒤판을 덮개 형식으로 만들어서 쿠션솜을 넣거나 뺄 수 있도록 했다.

도구와 재료

몽크스 원단 안쪽 사각형의 크기가 최소 46×46cm인 수틀에 씌운다.

대형 스테이플러와 스테이플

정물화 쿠션 도안(43×43cm) blog.naver.com/goldentimebooks(159쪽 참조)
에서 내려 받는다. 색상 도안은 124쪽을 참조한다.

조명

부드러운 미술용 연필

옥스퍼드 10호 레귤러 펀치 니들

10가지 색상의 벌키사(10호 레귤러 펀치 니들에 적합) 세부 묘사에서는
색상별로 100g 1~2볼, 배경색은 100g 2~3볼(펀치 니들의 사이즈가
달라지면 그에 맞는 무게의 뜨개실 사용). 이 작품에 사용된 실의
자세한 정보는 158쪽을 참조한다.

스테이플 제침기

가위

50×35.5cm 크기의 캔버스 천 2장(뒤판용)

시침핀

재봉틀(지퍼 노루발 필요)

바느질실

오버로크 노루발(옵션)

붓, PVA 접착제(옵션)

46×46cm 크기의 쿠션 솜(깃털 또는 폴리에스테르)

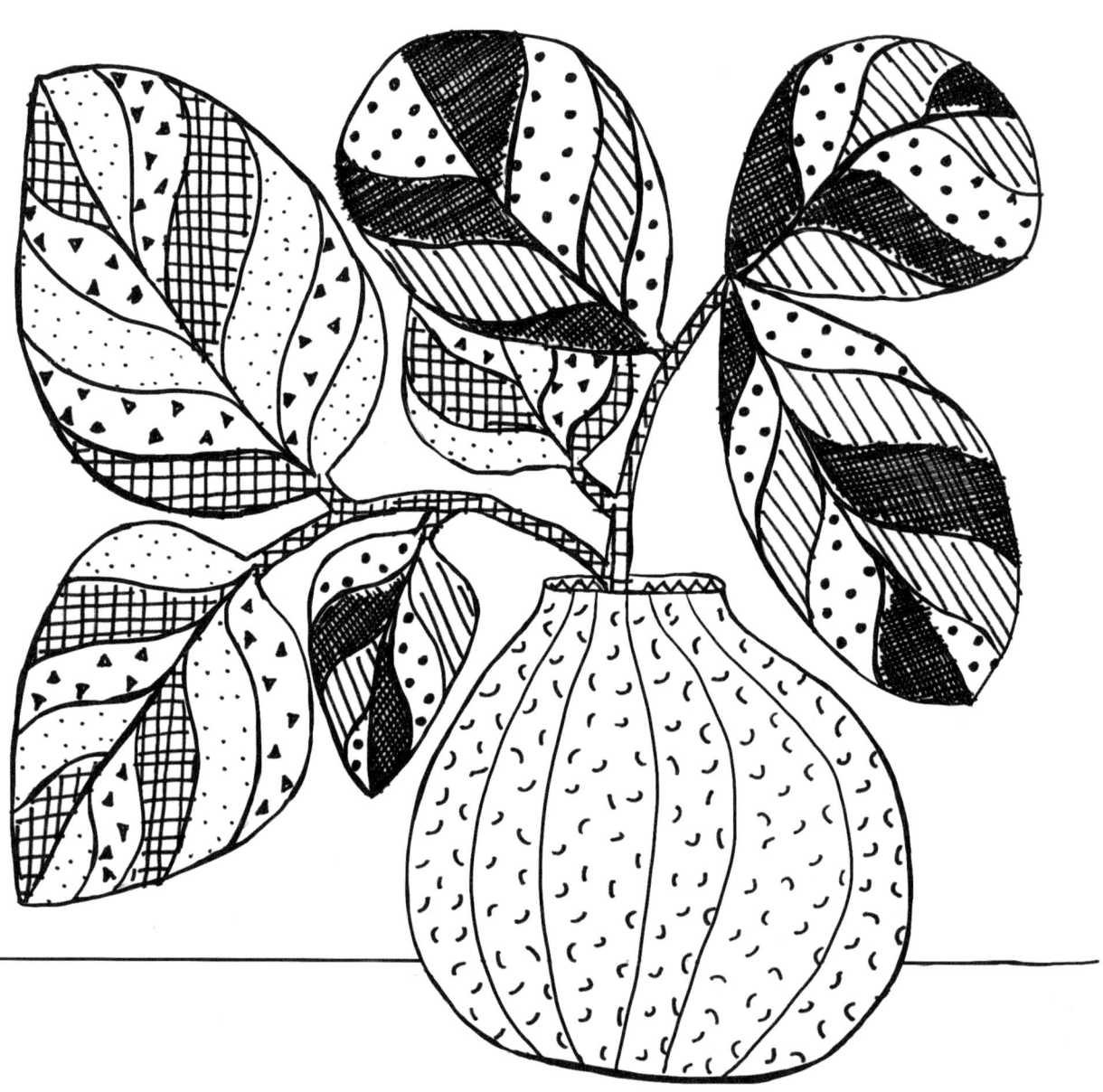

만드는 법

시작하기

1. 몽크스 원단을 수틀에 끼운다(자세한 설명은 14~17쪽 참조). 수틀의 크기가 최소 46×46cm여야 사각형 쿠션 디자인을 배열할 수 있다.

2. 도안 사본을 몽크스 원단의 뒷면에 대고 누른다. 패턴의 선이 원단에 잘 비칠 수 있도록 원단을 조명 위에 갖다 댄다. 부드러운 미술용 연필로 사각형 쿠션 모티브의 이미지를 원단 앞면에 그대로 옮겨 그린다. 자세한 방법은 20~21쪽을 참조한다.

3. 이 작품은 완성면이 자수면(앞면), 그러니까 펀칭을 하는 면이다. 앞면에서는 자수 스티치의 방향이 눈에 더 잘 띄기 때문에 펀칭을 시작할 때 이 점을 유념해야 한다.

4. 시작하기 전에 스티치 패턴을 결정하고 펀칭을 하는 내내 그대로 일관성 있게 해야 한다(스티치에 대한 자세한 설명은 27~29쪽 참조).

펀칭하기

5. 이제 펀칭을 시작한다. 먼저 원하는 색으로 나뭇잎과 줄기, 화분을 포함하여 모티브 각 요소의 윤곽선부터 펀칭을 한 뒤 그 안을 채운다.

6. 이어서 배경도 같은 방식으로 채운다. 디자인의 가장자리까지 펀칭을 해서 쿠션의 가장자리를 깔끔하게 직선으로 만든다.

7. 펀칭을 마치면 스테이플 제침기를 이용하여 수틀에서 작업한 천을 뺀 다음 자수면이 위쪽으로 향하도록 작업대 위에 펼쳐 놓는다.

8. 쿠션 디자인을 따라 시접 4cm를 남기고 원단을 잘라 쿠션 앞판을 만든다. 자른 가장자리에서 올이 너무 많이 풀리지 않도록 주의한다.

간단한 덮개 쿠션 만드는 법 HOW TO MAKE A SIMPLE ENVELOPE CUSHION

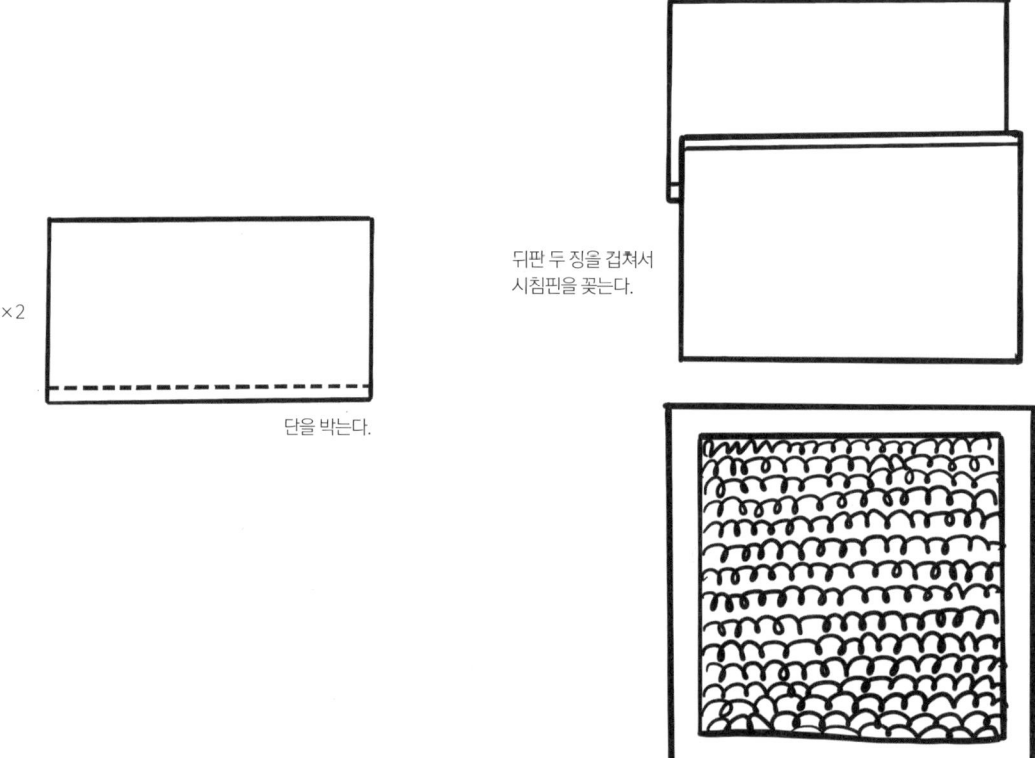

바느질하기

9. 뒤판용 원단을 50×35.5㎝ 크기의 직사각형 두 장으로 자른다.

10. 각 뒤판용 천의 한쪽 긴 변에서 한 단을 접어 박음질을 한다. 단을 박은 뒤, 뒤판 두 장을 쿠션 앞판 위에 겉면끼리 맞대고 네 변을 맞추어 놓는데, 단을 박은 쪽이 가운데에서 포개지도록 배치한다. 이렇게 하면 뒤판의 가운데에서 17㎝가 겹치게 되고, 이것이 덮개의 구멍이 된다.

11. 덮개 구멍을 따라 뒤판 두 장에 시침핀을 꽂아서 쿠션을 박는 동안 움직이지 않게 한다. 펀칭을 한 쿠션 앞판과 뒤판을 겉면끼리 맞대어 놓고 시침핀을 꽂는다.

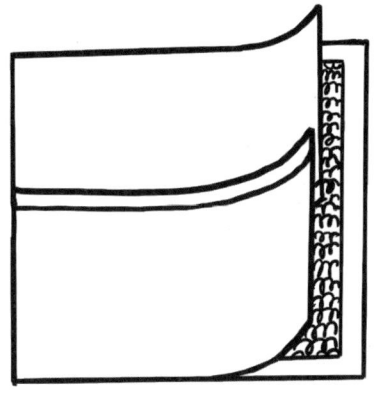

펀칭을 한 앞판에 덮개 두 장을 놓고 시침핀을 꽂는다.

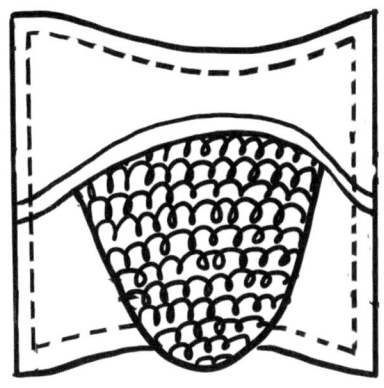

뒤집는다.

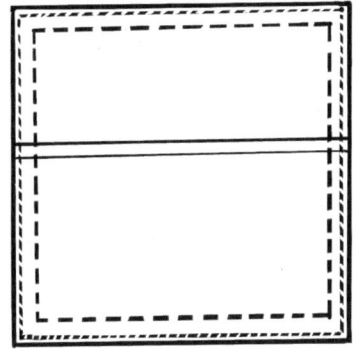

쿠션의 네 가장자리에서 박음질을 한다.

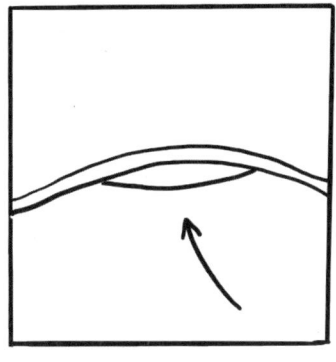

쿠션솜을 넣는다.

12. 펀칭을 한 쿠션 앞판이 위에 있도록 쿠션을 뒤집는다. 재봉틀에 지퍼 노루발을 장착해서 쿠션의 가장자리에서 박음질을 하는데, 펀칭 스티치에 최대한 가깝게 박는다.

13. 시접의 올이 풀리지 않게 하기 위해, 시접의 가장자리에서 오버로크를 하거나 지그재그 스티치로 박음질을 한다. 아니면 시접의 가장자리에 PVA 접착제를 발라서 올 풀림을 막는다.

14. 겉면이 바깥쪽으로 나오도록 쿠션을 뒤집고 뒤판의 덮개 구멍을 통해 쿠션솜을 넣는다. 쿠션솜은 46×46cm로 쿠션 커버보다 약간 커야 쿠션이 불룩한 모양이 된다.

쿠션인가 월아트인가

이런 작품이 좋은 이유 가운데 하나는 펀칭한 천으로 쿠션만 만드는 것이 아니라는 점이다. 펀칭한 작품은 훌륭한 벽장식이 되기도 한다. 펀칭한 천을 벽장식으로 활용하려면 펀칭을 한 후에 두 가지의 선택권이 있다.

첫 번째 방법은 원단을 수틀에 그대로 두고 벽에 거는 것이다. 이렇게 하면 펀치 니들의 가장자리에 원단이 그대로 노출되어 일종의 액자 역할을 한다.

두 번째 방법은 완성한 펀치 니들을 수틀에서 빼서 그보다 작은 새 수틀에 스테이플러로 고정하는 것이다. 이때 펀칭을 한 부분이 수틀에 꼭 맞게 사이즈를 잰다. 이를 위해 펀치 니들을 원래 수틀에서 빼서 작업대 위에 펼쳐 놓고 손으로 편평하게 편다(좀 더 편평해야 할 것 같으면 그 위에 무거운 책들을 올려 놓아도 된다). 이때 치수가 약간 바뀔 수도 있으므로, 새 수틀의 크기를 정하려면 펀치 니들의 크기를 꼼꼼하게 측정해야 한다. 가장자리가 직선이 아니라면 가장 넓은 쪽에서 측정하도록 한다. 또 원단을 잡아당겨서 새 수틀에 스테이플러로 고정해서 직선으로 만들어도 된다. 완성한 펀칭 천이 많이 늘어나지는 않겠지만 스테이플러로 고정하는 과정에 각 부위를 조금씩 당겨 직선으로 정돈할 정도는 된다는 점을 기억해두자.

파도 쿠션 SEA CUSHION

이 쿠션의 펀칭 작품은 바다의 물결을 연상시킨다. 구성을 단순하게 하고,
뜨개실 고유의 풍부한 표현력과 입체성을 살리기 위해 색상을 많이 쓰지 않았다.
다양한 후킹 도구나 펀칭 도구, 여러 가지 뜨개실과 원단 끈을 쓴 결과,
조직이 미묘하게 다르고 스티치 느낌이 쾌활한 콜라주 작품이 탄생했다.
또한 쓰고 남은 뜨개실과 원단을 다 써버릴 수 있다는 점에서 아주 유용한 '끝장' 작품이다.
영감을 받은 풍경을 그대로 표현하는 좋은 방법이기도 하다.

도구와 재료

몽크스 원단 안쪽 사각형의 크기가 최소 46×46cm인 수틀에 씌운다.
대형 스테이플러와 스테이플
파도 쿠션 도안(43×43cm) blog.naver.com/goldentimebooks(159쪽 참조)에서
 내려 받는다. 색상 도안은 134쪽을 참조한다.
조명
부드러운 미술용 연필
러그 후크와 펀치 니들(사용하는 뜨개실에 맞는 여러 가지 사이즈)
최대 10가지 색상의 벌키사, 우스티드사 색상별로 100g 1볼. 이 작품에 사용된 실의
 자세한 정보는 158쪽을 참조한다.
폭 1.25cm의 끈 펠티드 울이나 저지 원단에서 자른다.
스테이플 제침기
가위
뒤판용 천(크기는 만드는 법 참조)
시침핀
재봉틀(지퍼 노루발 필요)
바느질실
오버로크 노루발(옵션)
붓, PVA 접착제(옵션)
45×45cm 크기의 쿠션솜(깃털 또는 폴리에스테르)

만드는 법

시작하기

1. 몽크스 원단을 수틀에 씌운다(자세한 설명은 14~17쪽 참조). 수틀의 크기가 최소 46×46cm여야 파도 쿠션 디자인을 배열할 수 있다.

2. 20~21쪽의 설명에 따라 쿠션 디자인의 이미지와 전체 모양을 원단 앞면에 옮겨 그린다.

3. 디자인을 다 옮겨 그리면 원단 뒷면에서 사본을 뗀다. 아니면 파도 쿠션 도안을 참조해 자유롭게 그려도 된다. 이 작품에서는 아주 정확하게 그리지 않아도 된다.

4. 이 작품은 수틀의 양면에서 펀칭을 해야 한다. 뒷면에서 터프트 스티치를 해서 도드라진 부분을, 앞면에서는 매끄러운 자수면을 표현한다.

펀칭과 후킹하기

5. 모든 재료를 펼쳐 놓을 수 있는 널찍한 작업대에 골라 놓은 뜨개실을 배열한다. 나는 실의 색상을 제한적으로 사용했는데, 음영을 달리한 흰색과 회색을 주로 쓰고 파란색과 노란색을 강조색으로 하여 넉넉하게 준비했다. 또한 시각적으로 돋보이도록 후킹과 펀칭으로 다양한 질감을 표현했다.

6. 미디엄 러그 후크로 청키사(환한 흰색 부분)를 후킹했고, 파인사부터 벌키사까지 뜨개실에 따라 여러 사이즈의 펀치 니들을 사용했다. 가는 실에는 14호, 두꺼운 실과 모직 또는 저지 끈에는 10호를 사용한다. 한편 9호는 샤프트가 길어서 높은 파일을 만들 수 있다. 러그 후크 사용법은 98~99쪽을 참조한다.

7. 다양한 뜨개실을 어떻게 배치할 것인지 직감적으로 계획한다. 서로 인접한 부분들이 대조되도록 색상과 질감, 스티치 종류, 스티치 패턴을 구성한다.

8. 갖고 있는 모든 노구를 시도해보고, 완성된 면에서 질감과 스티치 높이가 다양하게 보이도록 앞면과 뒷면 양쪽에서 작업을 해본다.

9. 이제 펀칭을 시작한다. 선택한 색상의 실로 먼저 각 부분의 윤곽선부터 펀칭한 뒤, 그 안을 채워서 전체 디자인을 완성한다. 디자인의 가장자리까지 펀칭해서 앞면의 가장자리를 깔끔하게 직선으로 만든다.

10. 펀칭이 끝나면 스테이플 제침기를 이용하여 수틀에서 펀칭한 천을 빼고, 완성된 파일면이 위쪽으로 향하도록 작업대 위에 펼쳐 놓는다.

11. 쿠션 디자인을 따라 시접 4cm를 남기고 펀칭한 천을 잘라서 쿠션 앞판을 만든다. 자른 가장자리에서 올이 너무 많이 풀리지 않도록 주의한다.

바느질하기
12. 126~127쪽의 9~14단계를 따라 쿠션을 만든다.

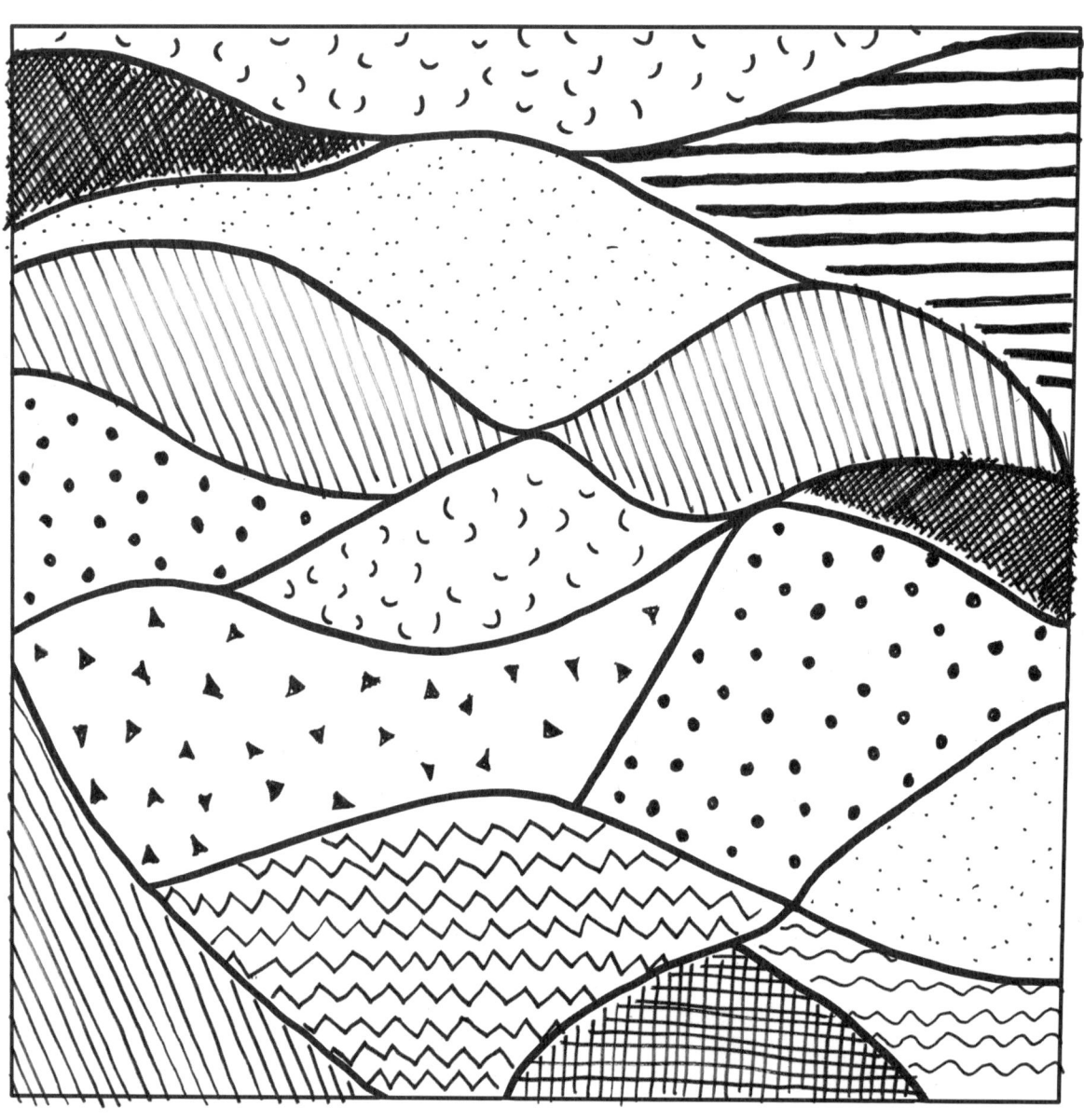

벤치 방석 BENCH SEAT PAD

기하학적인 디자인의 펀칭 작품이 좋은 점 한 가지는 부드러우면서
유기적인 느낌을 준다는 것이다. 이 벤치 방석은 유쾌한 느낌의 색상과
반복 패턴을 써서 깔끔하고 모던하다. 여기에 손그림과 뜨개의 입체성을 더해
완벽해졌다. 발포 고무를 넣은 방석은 아주 편안하며, 이 방석의 크기는 $28 \times 96cm$이지만
패턴의 반복 회수를 조절해 어떤 벤치에든 맞는 크기의 작품을 만들 수 있다.

도구와 재료

몽크스 원단 안쪽 사각형의 크기가 벤치보다 사방 2.5cm 큰 수틀에 씌운다. 아니면 벤치보다 10cm 큰 몽크스 원단을 작은 그리퍼 프레임에 씌우고, 각 부분을 끝내면 원단을 이동하며 작업한다. 사방으로 10cm의 여유분은 나중에 잘라서 정리하지만 원단을 그리퍼 수틀에 팽팽하게 잡아당기려면 처음에는 약간 여유가 있어야 한다.

대형 스테이플러와 스테이플

벤치 방석 커버 도안(28.8×53.3cm) blog.naver.com/goldentimebooks(159쪽 참조)에서 내려 받는다. 이때, 사용하려는 벤치보다 가로세로 1.25cm 큰 사이즈의 도안이 필요하다. 색상 도안은 138쪽을 참조한다.

조명

부드러운 미술용 연필

옥스퍼드 10호 레귤러 펀치 니들

5가지 색상의 벌키사(10호 레귤러 펀치 니들에 적합) 색상별로 100g 2~3볼(펀치 니들의 사이즈가 달라지면 그에 맞는 무게의 뜨개실 사용). 이 작품에 사용된 실의 자세한 정보는 158쪽을 참조한다.

스테이플 제침기

가위

캔버스 천 또는 가구용 원단(뒤판용) 벤치 좌판보다 가로 세로 각 11cm 크게 자른다.

시침핀

재봉틀(지퍼 노루발 필요)

바느질 바늘과 실

발포 고무 두께 2.5cm, 벤치 좌판보다 가로, 세로 1.25cm 작은 크기

만드는 법

시작하기

1. 벤치 좌판의 방석을 만드는 데 필요한 몽크스 원단의 양을 정하기 위해 벤치 상단의 치수를 측정한다. 벤치 상단의 가장자리와 같은 크기의 방석을 만들려면 펀칭 천이 벤치의 가로, 세로보다 1.25㎝ 커야 한다. 여기에서 소개하는 벤치의 경우 가로 세로가 29㎝, 1m이므로, 나는 30.25×101.25㎝의 펀치 니들 판을 만들었다. 또한 여분 공간 2.5㎝를 추가하여 최종 내부 치수를 32.75×103.75㎝로 만들었다. 수틀의 크기가 다를 수도 있지만 벤치의 치수가 수틀 안에 들어가기만 한다면 괜찮다.

2. 138쪽에 있는 벤치 방석 도안의 사본을 벤치 치수보다 1.25㎝ 크게 확대하여 복사한다. 도안이 반복 패턴이므로, 반복되는 디자인을 복사한 뒤 그것을 재복사하여 완성 크기의 펀칭 작품 만드는 데 필요한 치수를 파악한다.

3. 완성된 펀칭 천에 충분한 크기의 수틀을 사용할 경우, 벤치 방석의 사본을 몽크스 원단의 뒷면에 갖다 댄다.

4. 20~21쪽의 설명에 따라 반복 패턴의 이미지를 원단의 앞면에 따라 그린다. 그리퍼 프레임을 사용할 경우, 프레임에 씌운 부분에서 그림을 그리고 펀칭까지 끝낸 뒤 다음 부분으로 옮겨가서 원단을 프레임에 다시 씌우고 그림을 그린다.

5. 이 작품은 완성면이 파일면(뒷면), 그러니까 펀칭을 하는 면의 반대면이다. 자수면(또는 앞면)을 방석 커버의 밑면으로 만들면 방석을 벤치에 편평하게 놓을 수 있다.

펀칭하기

6. 모든 재료를 늘어놓을 수 있는 널찍한 작업대에 필요한 뜨개실을 배열해 놓는다. 원하는 색상의 실로 먼저 각 모양의 윤곽선을 펀칭한 뒤 그 안을 채운다(스티치에 대한 자세한 설명은 27~29쪽 참조).

7. 핀칭이 끝나면 스테이플 제침기를 이용하여 수틀에서 작업한 천을 빼고, 파일면이 위쪽으로 향하도록 작업대 위에 펼쳐 놓는다. 벤치 방석 디자인을 따라 시접 5㎝를 남기고 천을 자른다. 자른 가장자리에서 올이 너무 많이 풀리지 않도록 주의한다.

바느질하기

8. 벤치 방석 커버를 만들기 위해, 완성된 펀치 니들 앞판과 같은 크기에 시접을 더하여 뒤판을 자른다. 자른 뒤판을 겉면이 위쪽으로 향하도록 놓고 그 위에 펀치 니들 앞판을 뒤판과 겉면끼리 맞닿도록 놓고 가장자리를 맞춘다.

9. 포개놓은 앞판과 뒤판의 가장자리를 따라 시침핀을 꽂는다. 펀칭을 한 앞판을 위에 놓고, 재봉틀에 지퍼 노루발을 장착해서 벤치 방석 커버의 가장자리에서 박음질을 한다. 이때 펀칭 스티치에 최대한 가깝게 박음질을 하는데, 한쪽 변의 중간에 30㎝ 정도의 창구멍을 남긴다. 창구멍을 통해 방석 커버의 겉면이 바깥쪽으로 나오도록 뒤집는다.

10. 창구멍을 통해 방석 커버에 발포 고무를 넣는다. 너무 꼭 끼면 발포 고무를 꺼내서 옆면과 끝을 약간 깎아낸 뒤 다시 넣어본다.

11. 발포 고무를 제대로 넣었으면 감침질로 창구멍을 막는다.

벽걸이
WALL HANGINGS

추상화 벽장식 ABSTRACT WALL ART

펀칭 작품은 크기에 상관없이 시각 면에서 또는 질감 면에서
실내 공간을 장식하기에 더할 나위 없이 좋은 소품이다.
기하학 패턴과 꽃 모티브는 따뜻한 느낌과 입체감을 전하는 한편 서로를 잘 보완한다.
여러 개의 펀칭 작품을 모아 벽에 걸어 펀치 니들 컬렉션을 만들어가는 것도 좋다.
벽장식용 작품을 만드는 동안 다양한 스티치 연습을 해볼 수 있다.
이 과정에서 예술품에 버금가는 펀치 니들 작품이 탄생하기도 한다.

도구와 재료

몽크스 원단 안쪽 사각형의 크기가 최소 40.5×40.5cm인 수틀에 씌운다.

대형 스테이플러와 스테이플

추상화 벽장식 도안(35×35cm) blog.naver.com/goldentimebooks(159쪽 참조)
에서 내려 받는다. 색상 도안은 144쪽을 참조한다.

조명

부드러운 미술용 연필

옥스퍼드 10호 레귤러 펀치 니들

8가지 색상의 벌키사(10호 레귤러 펀치 니들에 적합) 색상별로 100g 1~2볼(펀치
니들의 사이즈가 달라지면 그에 맞는 무게의 뜨개실 사용). 이 작품에 사용된
실의 자세한 정보는 158쪽을 참조한다.

스테이플 제침기

가위

제2의 수틀 바깥쪽 크기가 35×35cm인 수틀(펀칭한 천 다시 씌우기용)

액자 걸이

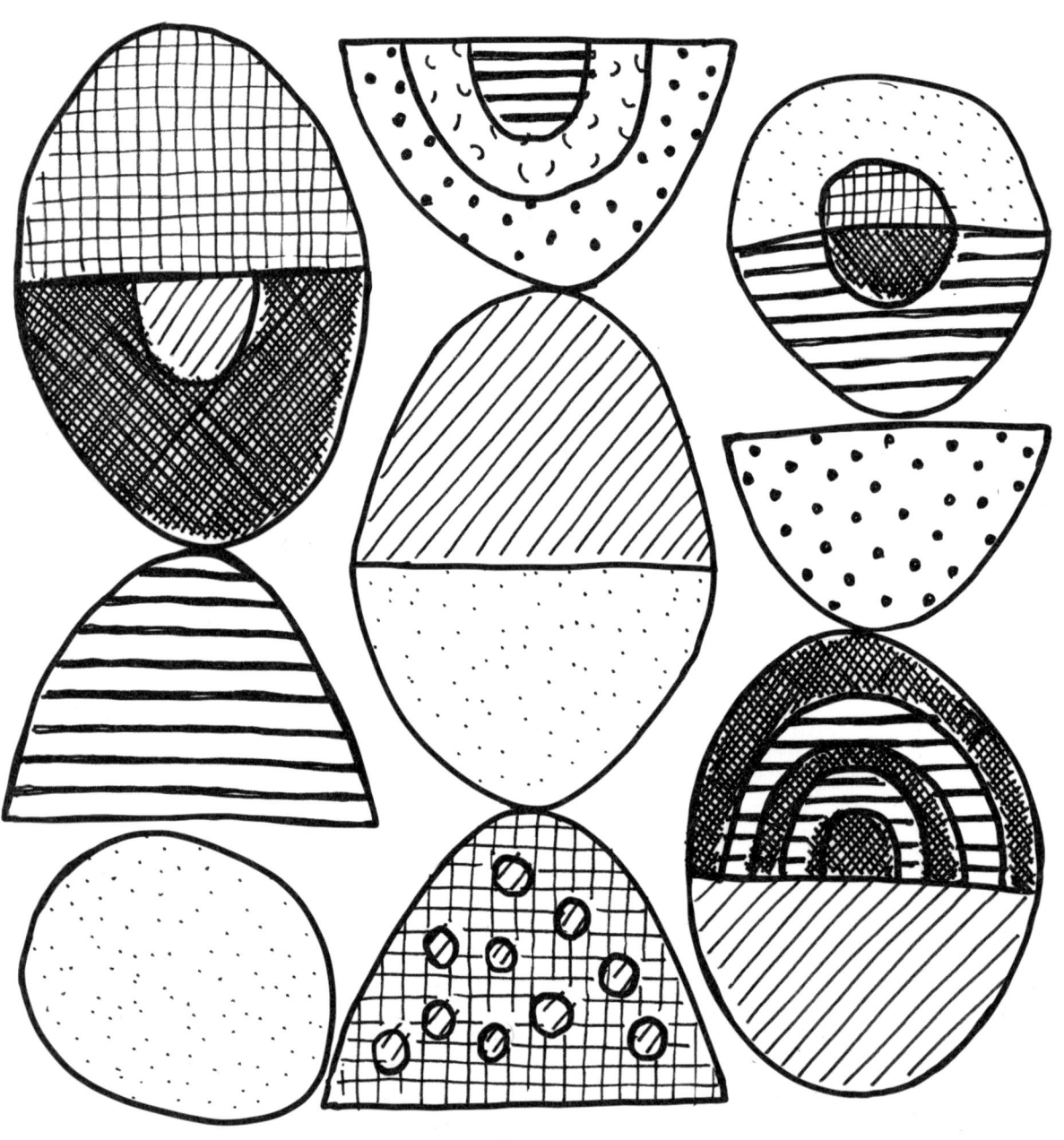

만드는 법

시작하기

1. 몽크스 원단을 수틀에 씌운다(자세한 설명은 14~17쪽 참조). 수틀의 크기가 최소 40.5×40.5cm여야 벽장식 디자인을 하나의 수틀에 배열할 수 있다.

2. 벽장식 도안의 사본을 원단의 뒷면에 갖다 댄다.

3. 20~21쪽의 설명에 따라 원단을 조명 위에 갖다 대고, 부드러운 미술용 연필로 벽장식 이미지를 원단 앞면에 그대로 옮겨 그린다. 디자인을 다 옮겨 그리면 원단에서 사본을 뗀다.

펀칭하기

4. 이 작품의 경우, 수틀의 양면에서 펀칭을 해야 한다. 뒷면에서 터프트 스티치를 해서 모티브의 도드라진 부분을, 앞면에서는 매끄러운 자수면으로 모티브와 모티브 사이의 안쪽 공간과 배경을 표현한다.

5. 모든 재료를 펼쳐 놓을 수 있는 널찍한 작업대에서 작업을 하면서 골라 놓은 뜨개실을 배열한다. 골라놓은 실로 먼저 뒷면에서 각 모티브의 윤곽선을 펀칭한 뒤, 그 안을 채운다. 나는 여기에서 베리에이션사를 사용하여 얼룩덜룩해 보이게 만들었다.

6. 앞면에서 펀칭을 하기 위해 수틀을 뒤집고, 배경에서 자수 스티치를 한다. 디자인의 가장자리까지 펀칭을 해서 월아트의 가장자리를 깔끔하게 직선으로 만든다. 배경의 펀칭이 끝나면 파일 스티치의 고리 끝을 잘라서 터프트 스티치를 만든다(파일 스티치와 터프트 스티치 설명은 28~29쪽 참조).

벽걸이 제작하기

7. 이제 두 가지 중에 선택을 할 수 있다. 하나는 작품을 원래 수틀에 그대로 두어 펀칭 부분을 둘러싼 몽크스 원단이 테두리가 되게 하는 것이다. 또 다른 방법은 펀칭을 한 천을 원래 수틀에서 빼서 디자인 크기에 맞추어 바깥쪽 크기가 35×35cm인 약간 작은 수틀에 다시 씌우는 것이다. 두 번째 방법으로 하면 펀칭 부분이 수틀의 끝까지 이어진다.

8. 제2의 수틀에 다시 씌울 경우, 스테이플 제침기를 이용하여 펀칭 천을 원래 수틀에서 빼서 제2의 수틀에 다시 씌운다. 아니면 펀칭 완성면과 똑같은 크기의 합판에 씌워도 된다.

9. 시접을 수틀 또는 합판의 뒷면으로 넘겨서 스테이플러로 고정한다. 이때 펀칭 부분을 수틀의 가장자리에 정확하게 맞추도록 한다.

10. 펀칭 니들 작품을 씌울 때 맞변에서 스테이플이 서로 엇갈리도록 고정하면 팽팽하게 씌울 수 있다.

11. 합판을 사용할 경우, 합판의 뒷면에 액자 걸이를 박아서 완성한다. 이제 벽장식을 걸기만 하면 된다.

타원 벽장식 SHAPED WALL ART

펀치 니들로 만든 벽장식을 거는 순간 공간은 새로워지고 예기치 않은 방식으로 바뀐다.
타원형과 꽃 디자인이 조화를 이룬 이 작품은 단독으로도 돋보이지만
다른 작품과 함께 걸어도 근사하다. 그것이 이 작품만의 특징이다.

도구와 재료

몽크스 원단 안쪽 사각형의 크기가 최소 35×35㎝인 수틀에 씌운다.

대형 스테이플러와 스테이플

타원 벽장식 도안(22.7×29.6㎝) blog.naver.com/goldentimebooks(159쪽 참조)에서 내려 받는다. 색상 도안은 149쪽을 참조한다.

조명

부드러운 미술용 연필

옥스퍼드 10호 레귤러 펀치 니들

7~8가지 색상의 벌키사(10호 레귤러 펀치 니들에 적합) 세부 묘사에서는 색상별로 100g 1~2볼, 배경색은 100g 2~3볼(펀치 니들의 사이즈가 달라지면 그에 맞는 무게의 뜨개실 사용). 이 작품에 사용된 실의 자세한 정보는 158쪽을 참조한다.

스테이플 제침기

가위

트레이싱 페이퍼(옵션)

시침핀

합판 두께 1.25㎝. 타원형 펀칭 천과 같은 모양과 크기로 자른다.

톱(옵션)

사포(옵션)

액자걸이

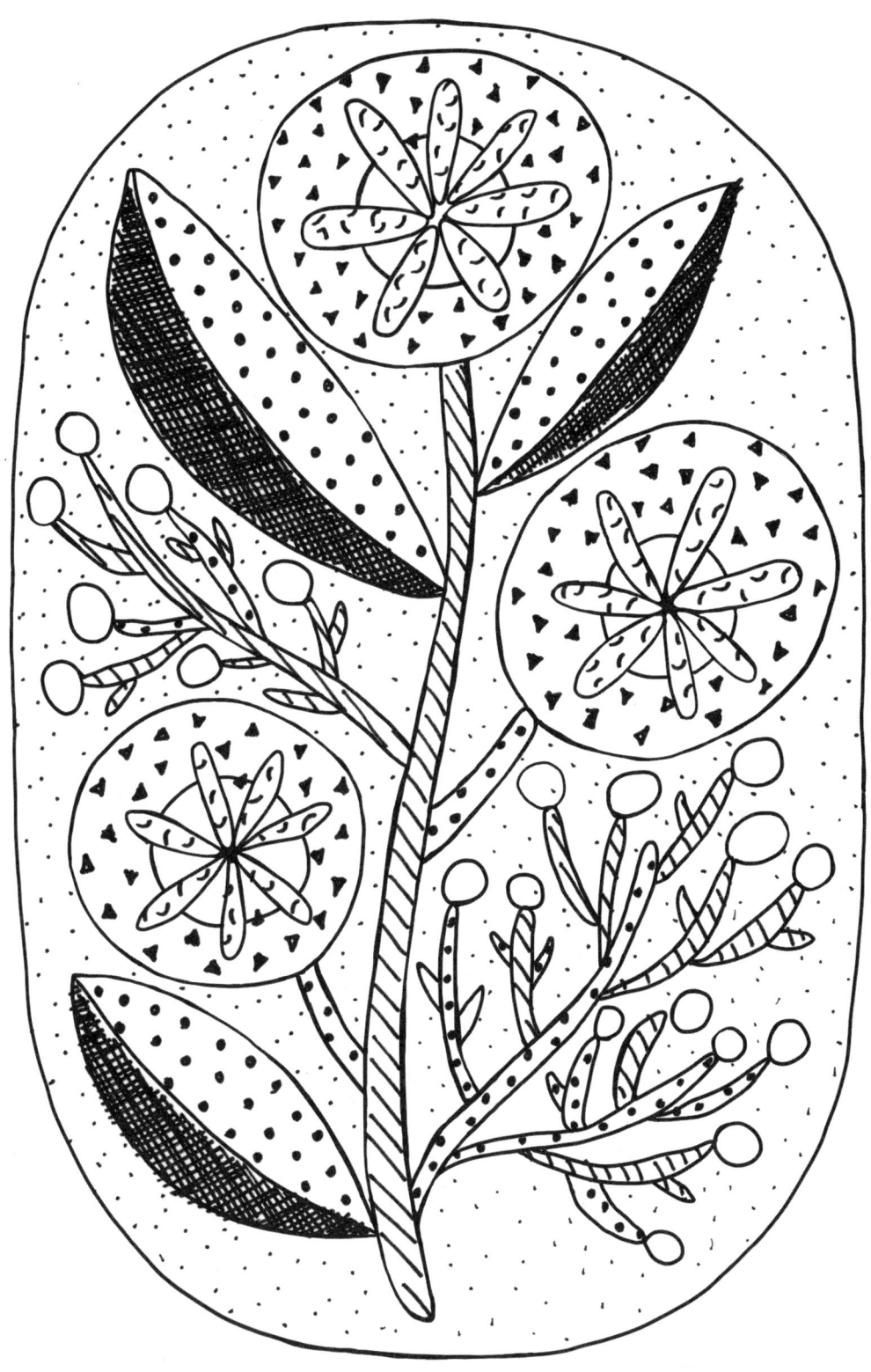

타원 벽장식 149

만드는 법

시작하기

1. 몽크스 원단을 수틀에 씌운다(자세한 설명은 14~17쪽 참조). 수틀의 크기가 최소 35×35cm여야 이 디자인을 하나의 수틀에 배열할 수 있다.

2. 타원 벽장식 도안의 사본을 원단의 뒷면에 갖다 댄다. 20~21쪽의 설명에 따라 부드러운 미술용 연필로 원단 앞면에 그대로 옮겨 그린다.

3. 디자인을 다 옮겨 그리면 원단에서 사본을 뗀다.

4. 이 작품은 완성면이 자수면(또는 앞면), 그러니까 펀칭을 하는 면이다. 앞면에서는 자수 스티치의 방향이 눈에 더 잘 띄기 때문에 펀칭을 시작할 때 이 점을 유념해야 한다.

5. 시작하기 전에 스티치 패턴을 결정하고 펀칭을 하는 내내 그대로 일관성 있게 해야 한다(스티치에 대한 자세한 설명은 27~29쪽 참조).

펀칭하기

6. 모든 재료를 늘어놓을 수 있는 널찍한 작업대에 필요한 뜨개실을 배열해 놓는다. 이제 펀칭을 시작한다. 원하는 색상의 실로 먼저 나뭇잎, 꽃, 줄기 같은 모티브 각 요소의 윤곽선을 펀칭한 뒤, 그 안을 채운다.

7. 모티브의 모든 요소 안을 채웠으면 이어서 배경도 같은 방식으로 채운다. 디자인의 가장자리까지 펀칭을 해서 벽장식의 가장자리를 깔끔하게 직선으로 만든다.

벽걸이 제작하기

8. 이제 두 가지 중에 선택을 할 수 있다. 하나는 작품을 원래 수틀에 그대로 두어 펀칭 부분을 둘러싼 바탕 천 부분이 테두리가 되게 하는 것이다. 또 다른 방법은 펀칭한 천을 원래 수틀에서 빼서 완성된 펀칭 부분과 똑같은 타원 모양에 크기는 약간 작은 합판 위에 다시 씌우는 것이다. 펀칭 작품에 뒤를 대는 두 번째 방법으로 할 경우, 완성 작품의 겉면 위에 트레이싱 페이퍼를 놓는다. 시침핀을 꽂아 고정하고 가장자리를 잘 따라 선을 그린다. 방향을 잊지 않도록 타원의 중간에 화살표를 위로 향하게 그려 넣어둔다. 트레이싱 페이퍼를 그려 놓은 모양대로 잘라서 합판에 옮겨 그린다. 합판에도 똑같은 화살표를 그린 뒤, 톱으로 모양을 잘라내고 필요하면 가장자리를 사포로 문지른다. 마지막으로 화살표를 위로 향하게 하여 합판을 펀칭 작품 뒤에 댄다.

9. 시접을 합판의 뒷면으로 넘겨서 스테이플러로 고정한다. 이때 펀칭 부분을 수틀의 가장자리에 정확하게 맞추도록 한다.

10. 펀칭 작품을 팽팽하게 펴면서 잘 고정하려면 서로 힘을 받는 맞변에 번갈아가며 스테이플 작업을 해나가는 것이 좋다.

11. 합판의 뒷면에 액자 걸이를 박아서 완성한다. 이제 작품을 걸기만 하면 된다.

몬스테라 벽걸이 MONSTERA WALL HANGING

펀치 니들의 장점은 패턴, 모양, 색상이라 할 수 있다. 그러나 펀치 니들의 가능성은
이 작품에서처럼 무궁무진하다. 덩굴식물 몬스테라를 입체적으로 표현한
이 펀칭 작품은 어떠한 실내 공간에서든 부족한 부분을 채워준다.
선의 방향을 바꾸고 모양을 겹치고 색을 그러데이션으로 변주하면,
더욱 뿌듯하게 벽에 걸 수 있는 멋진 예술품이 될 것이다.

도구와 재료

몽크스 원단 안쪽 사각형의 크기가 최소 40.5×40.5㎝인 수틀에 씌운다.

대형 스테이플러와 스테이플

몬스테라 벽걸이 도안(35×35㎝) blog.naver.com/goldentimebooks(159쪽 참조)에서 내려 받는다. 색상 도안은 155쪽을 참조한다.

조명

부드러운 미술용 연필

옥스퍼드 10호 레귤러 펀치 니들

6~7가지 색상의 벌키사(10호 레귤러 펀치 니들에 적합) 세부 묘사에서는 색상별로 100g 2볼, 배경색은 100g 2~3볼(펀치 니들의 사이즈가 달라지면 그에 맞는 무게의 뜨개실 사용). 이 작품에 사용된 실의 자세한 정보는 158쪽을 참조한다.

가위

스테이플 제침기

제2의 프레임 또는 합판 바깥쪽 크기가 35×35㎝인 수틀(펀칭 작품 다시 씌우기용)

액자 걸이

만드는 법

시작하기

1. 몽크스 원단을 수틀에 씌운다(자세한 설명은 14~17쪽 참조). 수틀의 크기가 최소 40.5×40.5cm여야 몬스테라 벽걸이 디자인을 하나의 수틀에 배열할 수 있다.

2. 몬스테라 벽걸이 도안의 사본을 원단의 뒷면에 갖다 댄다.

3. 패턴의 선이 잘 비칠 수 있도록 원단을 조명 위에 갖다 댄다. 부드러운 미술용 연필로 벽걸이 이미지를 원단 앞면에 그대로 옮겨 그린다.

4. 이 작품은 완성면이 자수면(또는 앞면), 그러니까 펀칭을 하는 면이다. 앞면에서는 자수 스티치의 방향이 눈에 더 잘 띄기 때문에 펀칭을 시작할 때 이 점을 유념해야 한다.

5. 시작하기 전에 스티치 패턴을 결정하고 펀칭을 하는 내내 그대로 일관성 있게 해야 한다(스티치에 대한 자세한 설명은 27~29쪽 참조).

6. 모든 재료를 늘어놓을 수 있는 널찍한 작업대에 필요한 뜨개실을 배열해 놓는다.

펀칭하기

7. 이제 펀칭을 시작한다. 먼저 나뭇잎, 줄기, 화분 등 모티브 각 요소의 윤곽선을 펀칭한 뒤, 그 안을 채운다. 이 디자인은 연필을 잡듯이 펀치 니들을 항상 앞으로 향하게 하는 것이 중요하다. 필요하면 수틀을 돌리면서 펀칭을 한다.

8. 모티브의 모든 요소 안을 채웠으면 이어서 배경도 같은 방식으로 채운다. 디자인의 가장자리까지 펀칭을 해서 벽걸이의 가장자리를 깔끔하게 직선으로 만든다.

벽걸이 제작하기

9. 이제 두 가지 중에 선택을 할 수 있다. 하나는 작품을 원래 수틀에 그대로 두어 펀칭 부분을 둘러싼 바탕 천 부분이 테두리가 되게 하는 것이다. 또 다른 방법은 펀칭한 천을 수틀에서 빼서 디자인 크기에 맞추어 약간 작은 수틀에 다시 끼우는 것이다. 두 번째 방법으로 하면 펀칭 부분이 수틀의 끝까지 이어진다.

10. 제2의 수틀에 다시 씌울 경우, 스테이플 제침기를 이용하여 펀칭한 천을 원래 수틀에서 빼서 제2의 수틀에 다시 씌운다. 아니면 펀칭 작품과 똑같은 크기의 합판에 씌워도 된다.

11. 시접을 수틀 또는 합판의 뒷면으로 넘겨서 스테이플러로 고정한다. 이때 펀칭 부분을 수틀의 가장자리에 정확하게 맞추도록 한다. 펀칭 작품을 팽팽하게 펴면서 잘 고정하려면 서로 힘을 받는 맞변에 번갈아가며 스테이플 작업을 해나가는 것이 좋다.

12. 수틀이나 합판의 뒷면에 액자 걸이를 박아서 완성한다. 이제 작품을 걸기만 하면 된다.

몬스테라 벽걸이

제품 제조업체 SUPPLIERS

다음은 이 책을 위해 작품에 사용했던 재료와 도구들의 제조업체 목록이다. 모든 제품은 아마존이나 엣시(Etsy)에서 온라인으로 살 수 있지만, 직접 보고 살 수 있는 기회가 있다면 재료의 질감을 살피고 품질을 꼼꼼히 확인하자.

펀치 니들
The Oxford Company
amyoxford.com

Ultra Punch Needle
ultrapunchneedle.com

Rug prodder tool
fredaldous.co.uk

Rug hook
dorrmillstore.com

원단
몽크스 원단(Monk's cloth), 리넨
dorrmillstore.com
clothhouse.com
hookingrugs.com
woolery.com

리넨과 면직물
fabric.com

뜨개실
뜨개실(양모)
alafoss.is
briggsandlittle.com
customwoolenmills.com
dhgshop.it
joann.com
loopknittingshop.com
woolandthegang.com
yarncanda.ca

러그 뜨개실
amyoxford.com

모직물 끈
dorrmillstore.com
hookingrugs.com

모직물과 면직물
hobbycraft.co.uk
johnlewis.com
woolandthegang.com

면 자수실
dmc.com

가는 양모 뜨개실(주변에서 쉽게 구할 수 있는 핑거링사를 사용해도 된다)
valdani.com

수틀
나무 수틀
Any art supply store

그리퍼 수틀
amyoxford.com

큐스냅 수틀
qsnap.com

논슬립 자수틀
nosliphoops.com

뜨개실 정보 YARN INFORMATION

어떤 실을 선택하느냐에 따라 작품을 완성할 수도 망칠 수도 있으므로, 적절한 뜨개실을 골라서 사용하는 것은 정말 중요하다. 무엇보다도 뜨개실의 품질이 우선이다. 따라서 실을 구입할 때는 무게와 색상을 잘 살펴 알맞은 실을 선택해야 하므로, 시장이나 공예품 가게 등을 직접 들러보자. 아니면 온라인 상점에서 각 프로젝트에 가장 적합한 실을 찾아보도록 하자.

이 책에서는 실의 브랜드와 무게, 색상을 다양하게 사용했다. 작품에 대해 꼭 어떤 실을 써야 한다고 엄격하게 지정하고 싶지는 않지만, 내가 쓴 것과 똑같은 실을 사용하고 싶다면 다음의 목록을 참조하길 바란다.

브로치(38~41쪽)
DMC 자수실(다양한 색상)

머리핀(42~45쪽)
DMC 자수실(다양한 색상)

토트백(46~51쪽)
Patons Roving: 아란(크림), 블랙, 체리

파우치(52~57쪽)
Briggs and Little: 다크 그레이 스포트, 리갈 그레이 헤더
Field and Forage: 캐머마일

미니백(58~65쪽)
Alafoss lopi: 애시 헤더, 에크루 헤더, 인디고, 라군 헤더, 골든 헤더, 바이올렛 헤더

코스터(68~71쪽)
Alafoss Lopi: 아르틱 블루 헤더, 에크루 헤더, 데님 헤더, 골든 헤더, 라이트 데님 헤더, 러스트 헤더

냄비받침(72~77쪽)
Patons Roving: 아란(크림), 블랙
Alafoss Lopi: 블랙 쉽 헤더, 보르도 헤더, 데님 헤더, 골든 헤더

수납바구니(78~83쪽)
Alafoss Lopi: 블랙, 골든 헤더, 라이트 데님 헤더, 옥스블러드 레드, 화이트

화분 커버(84~89쪽)
Alafoss Lopi: 아르틱 블루 헤더, 사이프레스 그린 헤더, 러스트 헤더, 화이트
Custom Woollen Mills: 헤더, 틸

블랭킷/무릎담요(90~95쪽)
Valdani: 블루 클라우드, 블루 데저트 스트리크, 오렌지, 핑크, 모카 셰이드, 틸, 빈티지 퍼플

러그(96~101쪽)
후킹 러그의 모직 끈과 에이미 옥스퍼드 혼용
Wool Rug Yarn Amy Oxford: 화이트 앤 그레이
Wool and the Gang: 섹시 울

나뭇잎 쿠션(104~109쪽)
Alafoss lopi: 초콜릿 헤더, 라군 헤더, 러스트 헤더, 스프링 그린, 웜 옐로

꽃무늬 원형 쿠션(110~115쪽)
Borgo De Pazzi new cedro: 다크 그린, 라이트 핑크, 옐로
Alafoss Lopi: 데님 헤더, 라이트 데님 헤더, 옥스블러스 레드, 러스트 헤더
Custom Woollen Mills: 틸

스툴 커버(116~121쪽)
Amy Oxford(바이올렛 제인): 새먼, 옐로
Patons Roving: 아란(크림), 라이트 그레이
Alafoss Lopi: 러스트 헤더, 옥스블러드, 라이트 데님, 데님

정물화 쿠션(122~129쪽)
Alafoss Lopi: 아르틱 블루 헤더, 셀러리 그린, 에크루 헤더, 프레시 그린, 골든 헤더, 라군 헤더, 옥스블러드 레드, 오렌지

파도 쿠션(130~135쪽)
Wool and the Gang(크레이지 섹시 울): 크림 앤 라이트 그레이
Yarn: 후킹 러그의 모직 끈과 에이미 옥스퍼드

DHG 매장(사이러스사): 앰버, 블랙 체리, 댄서, 텐더니스
Patons Roving: 아란(크림) 자투리 실과 원단

벤치 방석(136~139쪽)
Alafoss Lopi: 블랙 헤더, 그레이 헤더, 라이트 그레이, 오트밀, 화이트

추상화 벽장식(142~145쪽)
Borgo De Pazzi new cedro: 페일 그레이, 핑크, 옐로
Alafoss Lopi: 사이프레스 그린 헤더, 네이비 블루, 스프링 프레시

타원 벽장식(146~151쪽)
Borgo De Pazzi new cedro: 다크 핑크, 페일 블루, 핑크, 옐로
Alafoss Lopi: 데님, 사이프레스 그린 헤더, 웜 옐로
Patons Roving: 아란(크림)

몬스테라 벽걸이(152~156쪽)
Borgo De Pazzi new cedro: 다크 핑크, 페일 블루, 핑크, 옐로
Alafoss Lopi: 데님, 사이프레스 그린 헤더, 웜 옐로
Patons Roving: 아란(크림)

국가별 실의 굵기와 표기법

유럽	USA
1ply	레이스 웨이트(Laceweight)
2ply	핑거링(Fingering)
3ply	삭(Sock)
4ply	스포트(Spot)
8ply	DK/라이트 우스티드(DK/Light Worsted)
10ply	우스티드(Worsted)
12ply	벌키(Bulky)
14ply	슈퍼 벌키(Super Bulky)

(*숫자가 클수록 실의 두께가 굵다._편집자)

황금시간 블로그에서 이 책에 실린 작품의 실물 크기 도안(패턴)을 다운로드하고, 펀치 니들 관련 정보를 찾아볼 수 있습니다.
https://blog.naver.com/goldentimebooks

황금시간 블로그
바로가기

찾아보기 INDEX

ㄱ
가방(bags)
　미니백(small purse) **58-65**
　토트백(tote) **46-51**
　파우치(pouch) **52-57**
　크로스백(cross body bag) **58-65**
가위, 터프팅(scissors, tufting) **12, 29**
가정 용품(homewares) **66-101**
　냄비받침(trivet) **72-77**
　러그(rug) **96-101**
　수납바구니(desk storage) **78-83**
　코스터(coasters) **68-71**
　화분 커버(plant cover) **84-89**
　블랭킷/무릎담요(blanket/throw) **90-95**
그리퍼 프레임(gripper frames) **14-17**
그림(drawings) **35**
꽃무늬 원형 쿠션(floral round cushion) **110-115**

ㄴ
나뭇잎 쿠션(leaf cushion) **104-109**
냄비받침(trivet) **72-77**
니들, 펀치(needles, punch) **10, 12**
　실 꿰기(threading) **19**

ㄷ
단지(pots)
　원통형 수납함(storage pot) **78-83**
　화분 커버(plant cover) **84-88**
대형 스테이플러(staple gun) **12**
덮개 쿠션, 정물화 쿠션(envelope cushions, still life square cushion) **122-129**
도구(tools) **10-13**

ㄹ
러그(rug) **96-101**

러그 후크(rug hooks) **10, 12**

ㅁ
머리핀(barrette) **42-45**
몬스테라 벽걸이(monstera wall hanging) **152-155**
무릎담요(throw) **90-95**

ㅂ
원단(base cloths) **10**
벤치 방석(bench seat pad) **136-139**
벽걸이(wall hangings) **140-156**
브로치(brooch) **38-41**
블랭킷(blanket) **90-95**

ㅅ
색상(colour) **34**
소프트 퍼니싱(soft furnishings)
　꽃무늬 원형 쿠션(floral round cushion) **110-115**
　나뭇잎 쿠션(leaf cushion) **104-109**
　러그(rug) **96-101**
　블랭킷(blanket/throw) **90-95**
　스툴 커버(stool top) **116-121**
　정물화 쿠션(still life square cushion) **122-129**
　파도 쿠션(sea cushion) **130-135**
　벤치 방석(bench seat pad) **136-139**
수납바구니(desk storage) **78-83**
수틀(frames) **10, 13**
　그리퍼 프레임(gripper frames) **14**
　수틀에 씌우기(stretching a frame) **14-17**
　제작하기(building your own) **14**
스툴 커버(stool top) **116-121**
스티치(stitches) **27-29**
　터프트 스티치(tufting) **29**
　파일 스티치(pile stitches) **28**

ㅇ
액세서리(accessories) **36-65**
  머리핀(barrette) **42-45**
  미니백(small purse) **58-65**
  브로치(brooch) **38-41**
  크로스백(cross body bag) **58-65**
  토트백(tote) **46-51**
  파우치(pouch) **52-57**
영감, 찾기(inspiration, finding) **32**
예술품(art)
  몬스테라 벽걸이(monstera wall hanging) **152-155**
  추상화 벽장식(abstract wall art) **142-145**
  타원 벽장식(shaped wall art) **146-151**
울트라 펀치 니들(ultra-punch needle) **10**
원단(fabrics) **13**
이미지 옮겨 그리기(transferring images) **20-21**

ㅈ
자수틀(embroidery hoops) **22**
재료(materials) **10-13**
정물화 쿠션(still life square cushion) **122-129**
주얼리, 브로치(jewellery, brooch) **38-41**
지갑(purses)
  미니백(small purse) **58-65**
  파우치(pouch) **52-57**

ㅊ
추상화 벽장식(abstract wall art) **142-145**

ㅋ
코스터(coasters) **68-71**
쿠션(cushions) **102-139**
  꽃무늬 원형 쿠션(floral round cushion) **110-115**
  나뭇잎 쿠션(leaf cushion) **104-109**
  스툴 커버(stool top) **116-121**
  정물화 쿠션(still life square cushion) **122-129**
  파도 쿠션(sea cushion) **130-135**
  벤치 방석(bench seat pad) **136-139**
크기(size) **34**

ㅌ
타원 벽장식(shaped wall art) **146-151**
터프트 가위(tufting scissors) **12, 29**
터프트 스티치(tufting) **29**
테두리(edgings)
  냄비받침(trivet) **76**
  러그(rug) **100**
토트백(tote) **46-51**

ㅍ
파도 쿠션(sea cushion) **130-135**
파우치(pouch) **52-57**
파일 스티치(pile stitches) **28**
패턴 디자인하기(designing your own patterns) **34-35**
패턴, 제작하기(patterns, designing your own) **34+35**
펀치 니들(punch needles) **10, 12**
  실 꿰기(threading) **19**
  울트라 펀치 니들(ultra-punch needles) **10**
펀칭(punching) **22-25**

ㅎ
헤어 액세서리, 머리핀(hair accessories, barrette) **42-45**
형태, 단순한(form, simplicity of) **34**
화분 커버(plant covers) **84-89**

감사의 말 ACKNOWLEDGEMENTS

쿼드릴 크래프트의 모든 분, 특히 이 책을 제작하는 과정에서 길을 제시해준 해리엇 뷰트와 클레어 로치포드에게 감사드립니다. 이 프로젝트에 대한 여러분의 성원은 제게 정말 큰 의미였습니다. 처음으로 책을 쓰면서 생기는 두려움을 여러분의 도움과 격려로 뛰어 넘을 수 있었습니다.

함께 일하는 것 자체가 정말 큰 기쁨이었던 재능 있는 케서린 프롤리, 집을 공개해서 우리가 찍은 모든 사진을 사용할 수 있게 해주어서 고맙습니다. 또 예쁘게 스타일링을 해준 사랑스러운 폴리 웹윌슨에게도 감사의 마음을 전합니다.

길잡이가 되어준 에이미 옥스퍼드사에게 사의를 표합니다. 귀사의 배려와 놀라운 펀치 니들 도구가 없었다면 이번 여행을 시작도 못했을 겁니다. 그뿐만 아니라 이 책을 위해 정말 귀중한 도구와 재료를 제공해 준 것에 대해 감사드립니다.

bookhou 팀의 뭄과 알렉스, 이 책 때문에 밤낮없이 일하고 있을 때 매장을 계속 운영할 수 있게 도와주어서 고맙습니다. 당신들이 없었다면 해내지 못했을 거예요.

가까이에서 또 멀리서 지지를 보내준 모든 분, 사랑하는 친구, 부스, 소셜 미디어에서 진행 과정을 팔로우해 준 모든 분께, 여러분의 긍정적인 에너지 덕분에 하루하루가 더욱 근사해지고 있습니다.

일상생활과 사업 모두 끝없이 지지해준 존, 고마운 마음과 사랑을 전합니다. 이 책을 읽기 쉽게 쓸 수 있도록 도와주어서 고맙습니다. 당신이 내 편에 없었다면 그 어떤 일도 가능하지 않았을 겁니다.

부쿠의
펀치 니들 소품

지은이 아로너 컨노래그
옮긴이 조진경
펴낸이 정규도
펴낸곳 황금시간

초판 1쇄 발행 2019년 9월 27일

편집 신소연 권명희
디자인 ALL designgroup

황금시간
Golden Time

주소 경기도 파주시 문발로 211
전화 (02)736-2031(내선 362, 364)
팩스 (02)6677-7775
인스타그램 @goldentimebook

출판등록 제406-2007-00002호
공급처 (주)다락원
구입문의 전화 (02)736-2031(내선 250~252)
팩스 (02)732-2037

구입 후 철회는 회사 내규에 부합하는 경우에 가능하므로 구입문의처에 문의하시기 바랍니다. 분실·파손 등에 따른 소비자 피해에 대해서는 공정거래위원회에서 고시한 소비자 분쟁 해결 기준에 따라 보상 가능합니다. 잘못된 책은 바꿔 드립니다.

값 16,000원
ISBN 979-11-87100-77-5 13630

http://www.darakwon.co.kr
• 다락원 홈페이지를 통해 주문하시면 자세한 정보와 함께 다양한 혜택을 받으실 수 있습니다.
• 기타 문의사항은 황금시간 편집부로 연락 주십시오.